京都 ステキな御朱印ブック

ブルーガイド

はじめに

たくさんの寺社仏閣があり、いにしえから信仰の厚い京都。
霊験あらたかな神社やお寺には、
凛とした空気に包まれた社殿や御神木、
荘厳なお堂や仏像があり、
御利益、御加護を授かろうと
世界中から参拝者が後を絶ちません。

最近の御朱印ブームも、拍車をかけています。
御朱印とはお守りやお札とおなじく、
御本尊や神様の分身とされる神聖なもの。
御朱印に書かれた墨書や押し印は、
眺めているだけでも楽しく、
ついつい集めることに夢中になってしまう人もあるようです。

ですが、御朱印は収集するものではなく、
参拝した証としていただくもの。
力強く書かれた文字、押された印からひもといていくと、
知らなかった由緒、気づかなかった史実に出会えます。

本書は、広く知られる世界遺産をはじめ、
女性にうれしい御利益がいただける寺社、
墨書や印から興味を持つと楽しい寺社を
選りすぐって紹介しています。

はじめての方はもちろん、
二度目、三度目の京都旅に携えて
御朱印をきっかけに、
寺社の奥深さをぜひ感じてください。

京都ツウ読本 御朱印部

京都ステキな御朱印ブック　もくじ

はじめに　2

基礎編　御朱印、御朱印帳って、どんなもの？　6

お寺編　御朱印の見方といただき方　8

神社編　御朱印の見方といただき方　12

知っておきたい御朱印のあれこれ　16

1章　御朱印からひもとく京都

有名なお寺や神社の由緒、歴史を深堀り

- 清水寺　20
- 上賀茂神社　22
- 下鴨神社　22
- 平等院　24
- 今宮神社　26
- 宇治上神社　28
- 松尾大社　30
- 龍安寺　32
- 東福寺　34
- 聖護院門跡　35
- 知恩院　36
- 妙顕寺　37

2章　御朱印でパワーアップ

今の自分にうれしい御利益を授かる

- ステキなご縁を結びたい　40
- 女子力を磨く　48
- パワーを授かり運気を上げる　54
- 心身にゆとりがほしい　60

3章　〝好き〟を見つける御朱印セレクション

興味が広がるユニークな御朱印

- ステキなモチーフ　78
- 神の使い・シンボル　86
- 変わりダネ御朱印　92
- 伝説・伝承　94
- 戦国・幕末　102

4章 お寺と神社を学ぶ

知っておきたいお寺や神社のあれこれ
お寺の基礎知識 114
神社の基礎知識 118
京都御朱印MAP 122
さくいん 126

column

かわいいおみくじ 38
ステキなお守り 76
一緒に持ちたい御朱印グッズ 112
御利益、功徳をいただく巡礼へ 72
御朱印帳コレクション 108

本書の使い方

・本書に掲載している御朱印、御朱印帳、お守り等の写真はすべて各寺社に掲載許可をいただいています。無断転載は固くお断りします。

・寺社名、御本尊、主祭神の表記は、各寺社の表記に準じています。同じ御本尊、御祭神でも異なる場合があります。

・御利益、御神祭は主なものを記しています。

・各寺社に掲載している時間は、原則として御朱印が授与される時間です。拝観、参拝時間は異なる場合がありますので事前にご確認ください。また、法要や祭礼などによって御朱印が授与されない、授与時間が異なる場合があります。

・本書に掲載した情報は平成30年（2018）5月25日時点のものです。御朱印、御朱印帳などのデザインや各料金は変更される場合がありますので、ご承知おきください。

基礎編

御朱印、御朱印帳って、どんなもの？

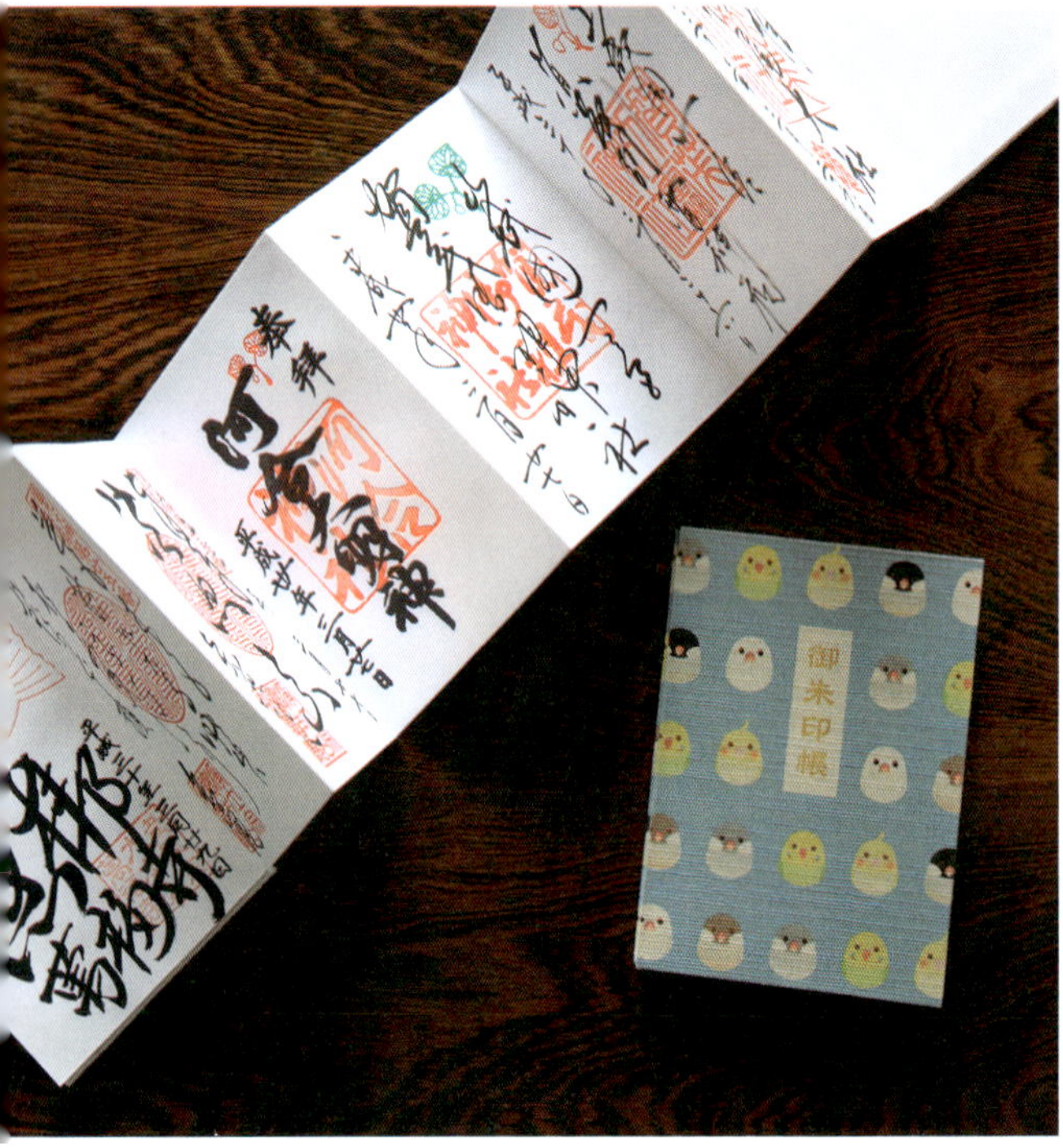

御朱印とは、寺社を参拝した証

御朱印は、参拝者が写経を納めた際、その証としてお寺から授与された納経の証明書のようなものでした。寺院の納経所で御朱印が授与されていることがあるのは、これに由来します。江戸時代には、西国三十三所霊場めぐり、四国八十八ヶ所めぐりなどの巡礼が庶民の間でブームとなり、納経の証として授与されていた御朱印が、七福神めぐりなどの神社にも広がっていきました。

現在では参拝の証として、寺社で御朱印をいただけます。記念のスタンプではなく、お守りやお札と同じく、神社に祀られる神様やお寺の御本尊の分身とされる神聖なもの。いただく際は、心を込めて参拝し、マナーを守りましょう。持ち帰ってからもていねいに扱い、大切に保管を。御朱印には、御本尊などの墨書、寺社名や神紋、寺紋、寺社ゆかりの押印などが入り、寺社の由緒や特徴にふれるきっかけにもなります。ぜひゆっくりと見返して、より深く魅力にふれてください。

寺社によって御朱印はさまざま

御朱印は、書き手の筆致によって味わいが変わり、見本と同じではありません。その場で書いてくださる直筆もあれば、前もって用意された書き置きのもの、印刷してある場合もあります。季節や祭事限定のものなどさまざまですが、いずれも参拝の証として、ありがたくいただきましょう。

御朱印をいただく御朱印帳とは

御朱印帳は、蛇腹《じゃばら》折りになった御朱印をいただく専用の帳面です。墨で書きやすい和紙でできています。御朱印は納経の証ですからノートやメモでは代用できませんが、一冊の御朱印帳で神社とお寺の御朱印を一緒にいただいてもかまいませんし、順番にも決まりはありません。御朱印帳の表裏両面にいただいても、片面だけ使用してもかまいません。

寺社でオリジナルの御朱印帳を授与している場合が多く、西国三十三所巡礼などの巡礼専用帳もあります。最近では、文具店や雑貨店でもかわいいデザインの御朱印帳が取り扱われていて、一冊１０００～２０００円が主流。御朱印帳選びも楽しみのひとつです。

お寺編

御朱印の見方といただき方

御朱印を読み解く

いろいろな 三宝印・御宝印

平等院（P24）　知恩院（P36）　大福寺（P92）　壬生寺（P104）

❶奉拝

「奉拝」とは、謹んで拝むということ。お寺を参拝したことを表す。

❷山号・札所番号など

山号とは寺院の名前の上に付く称号。祈願・修行の場として、お寺は山中に建てられることが多く、所在を示す山の名で呼ばれたことに由来する。西国三十三所などの霊場（札所）の場合は霊場名と番号が入る。

❸三宝印・御宝印など

三宝印とは「仏法僧宝」の四字を刻んだ印。「仏」と、仏の教えである「法」、その教えを広める「僧」を「三宝」という。御宝印とは、仏様の名前を一字で表す梵字《ぼんじ》が入った印。

❹御本尊や本堂、名勝など

御本尊や本堂の名前が墨で書かれる。庭園など寺院の名勝やゆかりのある僧の名前、御詠歌という場合もある。

❺寺号

寺院の名前が書かれる。山号や地名が併せて書かれることも。

❻寺院の印

寺院の名前が入った印が押される。寺院のシンボルをモチーフにした印が押される場合もある。

＊御詠歌

仏教の教えを五・七・五・七・七の和歌で表したもの。西国三十三所や洛陽三十三所など、巡礼の札所となっている寺院では、御詠歌の御朱印がいただける。京都では知恩院、六角堂頂法寺など。

宗派によって御朱印がいただけないことも

すべての寺院に御朱印があるわけではなく、書き手がいないなど状況によって授与されない場合があります。また、宗派によっては御朱印そのものがありません。浄土真宗は偶像崇拝を禁じているため、西本願寺、東本願寺などでは授与がありません。日蓮宗では、御朱印は「御首題」と呼ばれ、「南無妙法蓮華経」と御題目が書かれます。また、寺院によっては他宗派と一緒になった御朱印帳には授与いただけない場合があります。

御朱印をいただく

1 山門をくぐる

山門とはお寺の門のこと。お寺はもともと世俗から離れた山中に建てられたため、山門と呼ばれます。合掌一礼して、山門をくぐります。敷居があれば踏まずにまたぎましょう。帽子、サングラスを着用していればはずします。

2 手水《ちょうず》舎《しゃ》で身を清める

御本尊をお参りする前に、身の穢《けが》れを清めます。水が穢れを洗い流すとされ、古来、湧き水や川で身を清めたのに代えて手水舎で清めます。柄杓《ひしゃく》の水はつぎ足さず、すくった水ですべての行程を行います。神社でも作法は同じです。

右手で柄杓を取って水をすくい、まず左手を水で清め、柄杓を持つ手を変えて右手を清める。

柄杓を右手に持ち替え、左の手のひらで水を受けて口をすすぎ、左手を再度清める。最後に柄杓を立て、残りの水で柄を洗い流し、柄杓を元の位置に戻す。

3 お参りする

本堂の御本尊にお参りします。できればろうそくを灯し、線香を供え、常香炉があれば線香の煙で身を清めます。お賽銭を入れて合掌礼拝。お賽銭は、欲や執着を手放す修行の一環。「お布施を受け取っていただき、ありがとうございます」と謙虚な気持ちで。

ろうそく、線香を奉納。もらい火はせず、種火またはマッチやライターで。

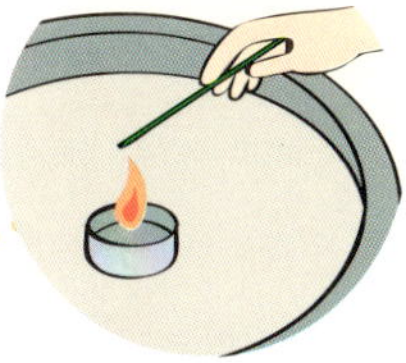

常香炉がある時は、手であおいで線香の煙で身を清める。

お賽銭を奉納し、本堂前に鰐口があれば鳴らす。

御本尊に向かい、心を込めて手を合わせて拝み、深く一礼する。

4 御朱印をいただく

参拝をすませたら、納経所や朱印所、授与所で御朱印をいただきます。大きな寺院で場所がわからなければ、拝観受付や寺務所で確認を。巡礼の札所である場合など、御朱印が何種類かあれば、どの御朱印か指定し、書いていただきたいページを開いて御朱印帳を渡します。受け取る際は自分の御朱印帳か必ず確かめ、御朱印代を納めます。

御朱印帳を先に預ける場合も

参拝者が多く、混雑している京都の大きな寺院では、拝観受付や納経所で御朱印帳を先に預け、参拝後、帰りに受け取るところもあります。わからない場合は拝観受付などで確認しましょう。

御朱印の見方といただき方

御朱印を読み解く

いろいろな社紋・神紋

梨木神社（P43）

大原野神社（P44）

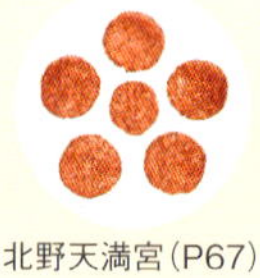
北野天満宮（P67）

大豊神社（P84）

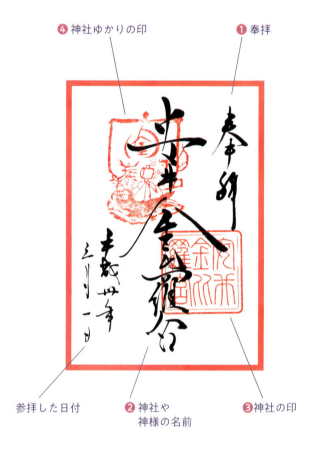

❶奉拝

「奉拝」とは、謹んで拝むということ。神社を参拝したことを表す。

❷神社や神様の名前

中央に書かれるのは、神社名やお祀りされる神様の名前。たとえば、上賀茂神社では「賀茂別雷神社」と正式名称が書かれる。

❸神社の印

神社の名前が刻まれた印が押される。読みやすい楷書である場合が多い。

❹神社ゆかりの印

祀られている神様や神社に由来する印が押されることも。たとえば、松尾大社では神様の使いである亀の印が入る。

＊社紋

神社の紋である、社紋が押される場合もある。神社にとっての家紋にあたる。

書き置きの御朱印

前もって別紙に書かれた、書き置きの御朱印を授与されることがあります。書き手が不在の場合や限定の御朱印授与の時に書き置きということも。また、寺社によっては印刷や押印のみということもあります。御朱印は参拝の証であり、御利益や御加護に変わりはないので、ありがたくいただきましょう。限定御朱印の場合、色和紙のものなどがいただけるのも書き置きならではの魅力です。

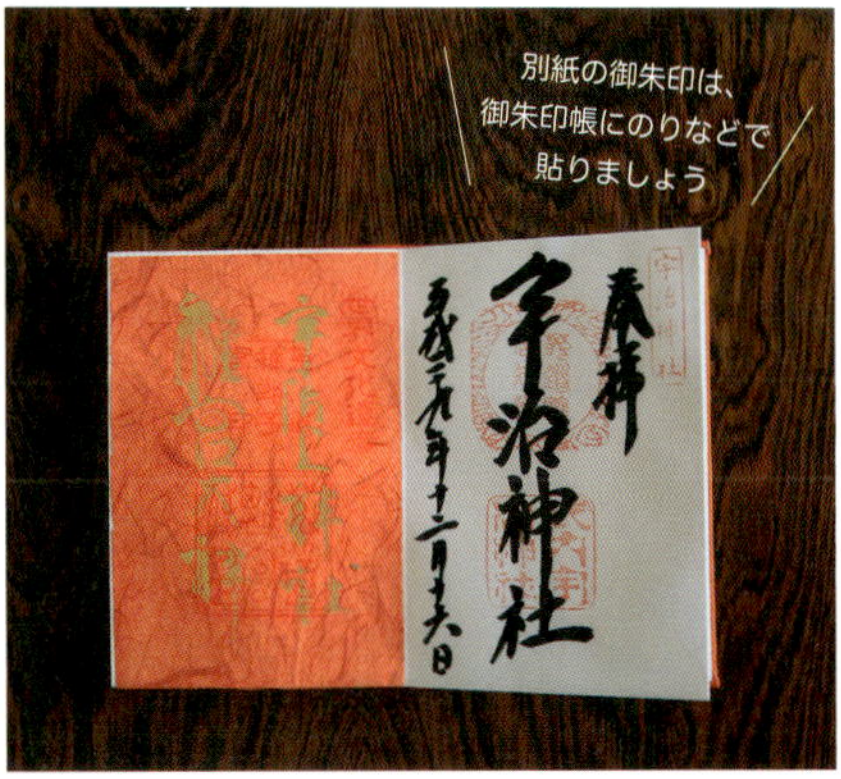
別紙の御朱印は、
御朱印帳にのりなどで
貼りましょう
奉拝
宇治神社

御朱印をいただく

1 鳥居をくぐる

鳥居は神社の内と外の境に立てられ、鳥居の内は神域とされます。立ち止まって一礼し、神様の通り道とされる中央は避けて、できれば左右の端から入り、敬意を表します。お参りの前には手水舎で身を清めます。作法は寺院と同じです（P10）。手水舎の水口には、神様のお使いとされる、龍や亀、うさぎなどがあしらわれていることも。

2 心を込めて、二拝二拍手一拝

参道を通って神前へ進み、お賽銭を奉納し、鈴があれば鳴らします。拝礼の基本は、二拝二拍手一拝。2回お辞儀をし、2回手をたたき、最後に深くお辞儀をします。感謝の気持ちを神様に捧げ、住所や名前をお伝えし、心を込めて祈願しましょう。

お賽銭を納め、鈴があれば鳴らす。

姿勢を正して2回拝礼する。

両手のひらを打ち合わせて2回鳴らす。

両手を合わせて感謝、祈願する。最後に１回拝礼する。

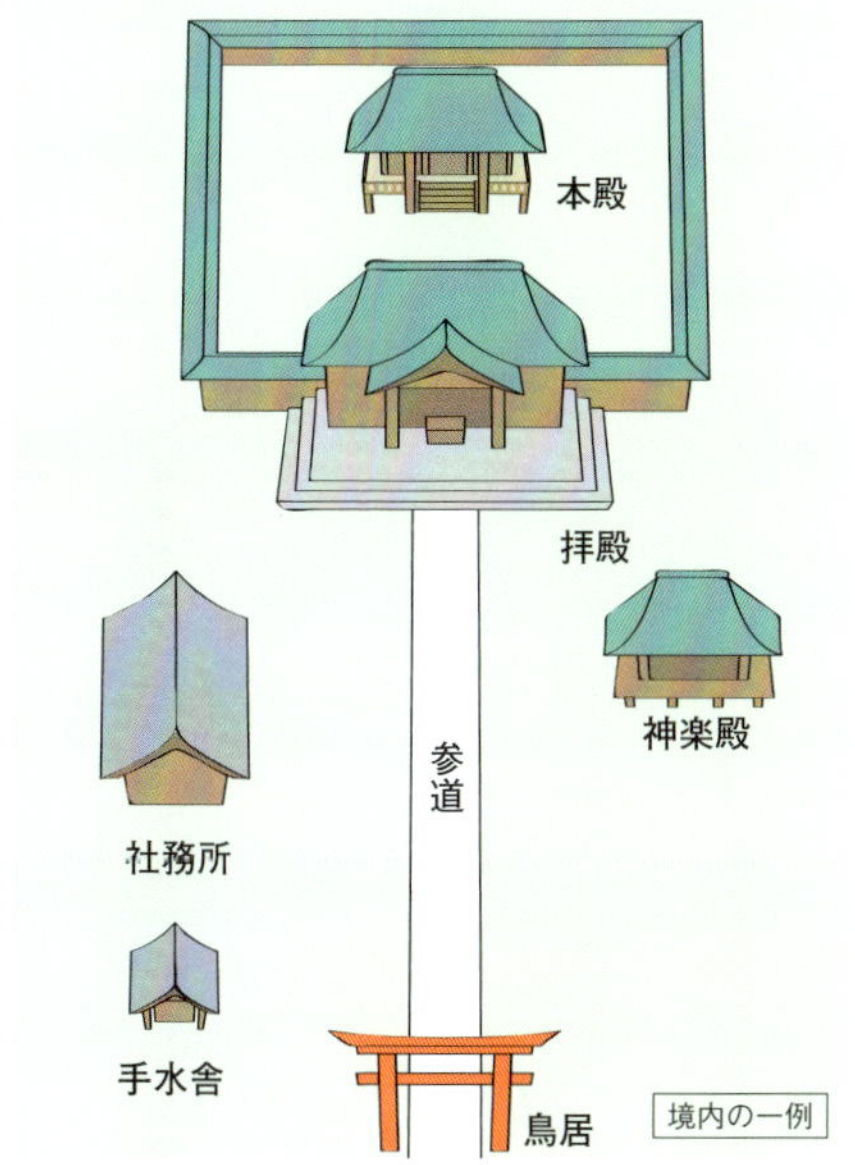

私たちがお参りするところは「拝殿」といい、通常神様がおられる「本殿」を直接見ることはできません。

３ 御朱印をいただく

拝礼をすませたら、御朱印をいただきます。お守りやお札を販売する授与所や社務所にて授与されます。御朱印が何種類かあれば、どの御朱印か指定し、書いていただきたいページを開いて御朱印帳を渡します。受け取る際は、自分の御朱印帳か必ず確かめ、初穂料（御朱印代）を納めます。

きちんと守りたい御朱印をいただくマナー

◆参拝してから御朱印をいただく

御朱印は参拝した証。まず、お参りし、日頃の感謝を伝え、祈願をし、そのうえで御朱印はいただくものです。時間がないなどの理由でお参りせず、御朱印だけいただくことのないように。

◆小銭を用意しておく

御朱印は３００円が一般的です。見開きや特別な紙を使用している場合は５００円以上ということもあります。なるべくお釣りがないように小銭を用意し、５千円札や１万円札を出すのは避けましょう。小銭があると、お賽銭やおみくじにも便利です。

◆受付時間を守りましょう

御朱印授与の受付時間は、９時から16時が一般的です。ぎりぎりで駆け込むことのないように、余裕をもってお参りしましょう。また、お昼に休憩時間をとられる場合や、行事などで忙しくされていて授与されていないこともあります。受付が閉まっているときに無理にお願いをするのはやめましょう。

御朱印帳は名前を入れて。プレゼントにはできません

御朱印帳は持ち歩くので、カバーや専用の袋に入れておくのがおすすめ。御朱印をいただくときはカバーをはずし、書いていただきたいページを開いて渡します。取り違えのないように名前を書いておきましょう。参拝した寺社で御朱印帳を購入した場合は、記名をお願いしてもかまいません。

御朱印は参拝の証なので、郵送で取り寄せるものではなく、ほかの人の分を代理で受け取ることもできません。記入してもらった御朱印帳はプレゼントにできませんので、気をつけて。

お参りに御朱印帳を忘れたときでもいただける！

御朱印帳を持参できなくても、御朱印を別紙でいただくことができます。寺社によっては用意がない場合もありますので授与所で確認してみましょう。別紙の御朱印は御朱印帳にのりや両面テープなどで貼って保管します。帳面より大きく、はみ出す場合は切ってもかまいません。ただし、文字が帳面よりはみ出す場合は、クリアファイルなどで大切に保管を。

一度のお参りでいろいろな御朱印をいただいても OK

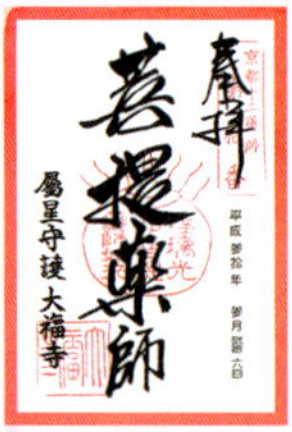

一つの寺社で御朱印が数種類ある場合、一つだけ選んでもいいし、全種類いただくこともできます。霊場めぐりの御朱印を、巡礼をしていなくても、いただくこともできます。季節や特別拝観時のみなど、限定の御朱印を授与されることもありますので、参拝のきっかけにしてもいいですね。

書いていただく間は
静かに待ち、質問は後ほど

御朱印は心を込めて書いてくださっています。騒がしくせず、静かに待ちましょう。また、神職の方やご住職を勝手に撮影してはいけません。どうしても撮影させていただきたいときは声をかけて、許可をいただいてください。

御朱印に書かれていることや押印について質問があれば授与後にしましょう。授与を待たれている人がいれば、あまり時間をとらないよう心遣いも忘れずに。

書き手の指定は不可
一期一会を楽しみたい

御朱印が数種類あれば、御朱印帳を渡す際に指定しますが、書き手を選ぶことはできません。「この文字を書いた方にお願いしたい」、「本に載っているのと全く同じ御朱印がほしい」といったお願いは禁物です。書き手によって筆致が違い、一枚ごとの味わいとなります。そのときどきの巡り合わせもまたご縁として、一期一会を楽しみましょう。

たくさんあってどの御朱印を選んでいいかわからない場合は、御本尊や御祭神など、代表的なものをいただくのがおすすめです。

挟み紙やしおりも
コレクションしたい

押印のインクや墨書の墨がうつらないように、御朱印帳に挟まれるのが挟み紙。無地の紙であることが多いですが、寺社ゆかりの絵柄が入った紙が挟まれることも。また、御朱印について解説したしおりや、由緒を挟んでくださる場合もあります。より深く魅力にふれる手がかりとして、参拝の記念として、大切に残しておきたくなります。

パンフレットや写真を御朱印帳に貼らないで

御朱印は寺社を参拝した証。神様、仏様の御利益、御加護を宿した神聖なものです。旅の思い出と一緒にして、写真を貼ったり、絵や感想を書いたりしてはいけません。御朱印以外のことに使われていると、授与いただけない場合もありますので、気をつけて。パンフレットやしおりをはさんでおくと次の寺社で紛失してしまう危険も。

御朱印帳の保管はできれば神棚や仏壇に

御朱印帳の保管場所は、神棚や仏壇がベスト。難しい場合は専用の箱などにしまい、なるべく高い位置に置いて保管するのがよいでしょう。神聖なものとして、ていねいな取り扱いを。一緒にいただいた拝観のしおりなども箱にまとめて保管しておくと、一緒に見返すことができます。

目的やテーマで御朱印帳を分けていただくのも楽しい

御朱印帳は寺社で一緒にいただいても構いませんが、自分なりにテーマをつくって、御朱印帳を分けるのもおすすめです。縁結びの御利益がある寺社をめぐってパワーのある一冊にしたり、歴史上の人物ゆかりの寺社をめぐったり……。振り返って眺めるのも楽しい、まさに自分だけの御朱印帳になります。

1章

御朱印からひもとく京都

よく知られている有名なお寺や神社。
御朱印を通して見ていくと、
歴史や祭事も趣深いものです。

見どころ盛りだくさんな名所を御朱印と共にめぐる

清水寺《きよみずでら》

清水

御朱印 Check!

本堂（舞台）東側にある納経場で授与。御本尊である千手観世音を表す梵字の押印が入る。西国十六番札所として御詠歌の御朱印も。＊御朱印＊300円

清水の舞台を描いた御朱印帳

◉御本尊……十一面千手観世音菩薩像
◉御利益……諸願成就

連日数多《あまた》の観光客が参拝する、京都を代表する名所、清水寺。江戸時代に御朱印が広まるきっかけとなった、西国三十三所巡礼の十六番札所にあたります。見どころは、世に知られる清水の舞台のみならず、音羽の瀧やお堂で御朱印をいただきながらめぐれば、より深く魅力にふれることができます。

御朱印中央の「大悲閣」とは、御本尊、十一面千手観世音菩薩像を安置する仏殿のこと。「大悲」とは慈悲に由来し、観音様のお心を表します。慈しみと思いやりの心で人々を苦難から救ってくださると親しまれてきました。毎年8月9日〜16日の「千日詣り」は、観音

心身を清める水垢離《みずごり》の行場でもある音羽の瀧。毎月28日は不動様の縁日で、午前6時に燈明、午前７時から読経を行う

音羽霊水
500円

不動明王を祀る音羽の瀧にある、瀧の堂でいただける。中央の押印は、不動明王を表す梵字カーン。授与は17時まで。300円

DATA

京都市東山区清水1-294
075-551-1234
8:00～18:00（参拝は6:00～、時期により異なる）
拝観400円
Map P124-D
（2020年３月頃まで、本堂の檜皮屋根葺き替え工事予定）

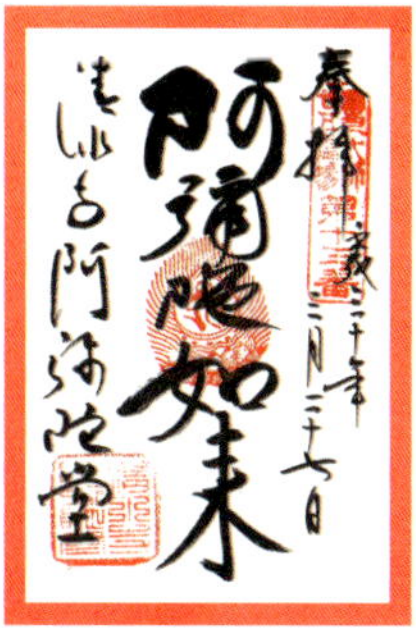

阿弥陀堂は法然上人二十五霊場第十三番札所であり、洛陽六阿弥陀の一つ。300円

阿弥陀堂は江戸時代初期の再建で、内陣に阿弥陀如来坐像を安置

様の功徳日とされ、一日の参詣で千日分の御利益があるといわれます。本堂内々陣が特別公開され、御本尊御前立の御宝前で献灯ができ、特別なお札も授与される覚えておきたい行事です。

「阿弥陀如来」の御朱印がいただけるのは、本堂の東側にある阿弥陀堂。浄土宗の開祖法然上人が、念仏を唱えながら阿弥陀様のまわりを回り続ける、常行念仏の修行道場を日本で最初に開いた場所です。

清らかな水が流れ出て、寺名の由来となった音羽の瀧では瀧の奥に祀られる「不動明王」の御朱印を授与。学問・健康・縁結びの御利益があるといわれる霊水もぜひいただいて。ほか、奥の院、清水善光堂、朝倉堂、泰産寺、特別公開時の成就院でも「大悲閣」の御朱印がいただけます。じっくりめぐって二度目、三度目の清水寺を満喫してください。

都を守る京都最古の二社を順にめぐり、パワーを授かる

上賀茂

上賀茂神社《かみがもじんじゃ》

◉主祭神……賀茂別雷大神

◉御利益……厄除、方除、災難除、雷除

神馬《しんめ》「神山号《こうやまごう》」

※日曜、祭典日出社

御朱印Check!

右上の印は御神紋、双葉葵《あおい》。古くは「あふひ」と読み、「ひ」が「神霊」を意味し、葵は「神と逢う」＝神と人を結ぶ草として守られる。＊御朱印＊300円

下鴨

下鴨神社《しもがもじんじゃ》

◉主祭神……賀茂建角身命、玉依媛命

◉御利益……五穀豊穣、事始めの導き、縁結び

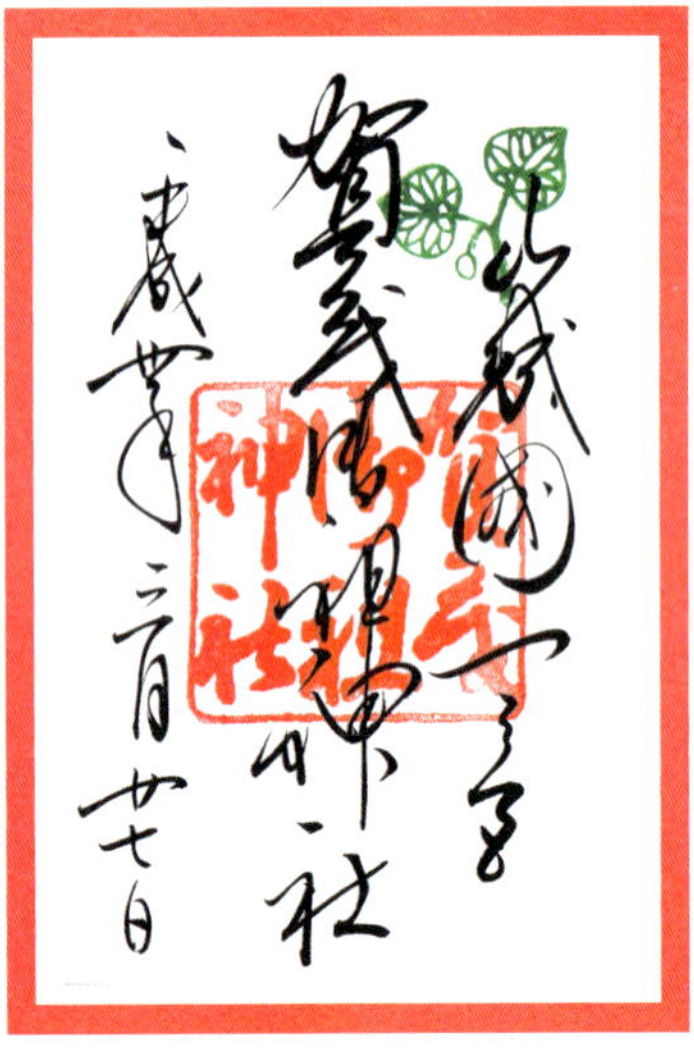

御朱印Check!

御神紋の双葉葵を緑色で押印。葵祭の日には「葵祭」と入る。朱印受付で相生社、御手洗社、比良木社の御朱印も書き置きで授与。＊御朱印＊300円

山城国一之宮とは、京都で最も格が高い神社のこと。上賀茂神社、下鴨神社は京都最古の神社で、平安遷都以降は国と都の守り神として、さらには皇室の氏神として信仰されてきました。

上賀茂神社の正式名称は、賀茂別《かもわけ》雷《いかづち》神社《じんじゃ》。賀茂一族の姫玉依姫命《たまよりひめのみこと》が賀茂川で身を清めていると、朱塗りの矢が流れ来て、矢の力により御子を授かります。御子が元服した際、祖父の賀茂建角身命《かもたけつぬみのみこと》が、「父と思う神に盃を捧げよ」と告げると、御子は雷鳴と共に天へ。玉依姫命が御子との再会を祈願すると、神として神山へ降臨し御祭

DATA

京都市北区上賀茂本山339
075-781-0011
9:00～16:50（参拝は5:30～17:00、祭典などにより変更あり）
Map P123-B

紀元前3世紀頃の原生林と同じ植生が今に伝わる下鴨神社の糺《ただす》の森

葵祭は総勢500名が平安時代の装束で御所から下鴨神社、上賀茂神社へと巡行する（写真は上賀茂神社）

神、賀茂別《かもわけ》雷大神《いかづちのおおかみ》となられました。雷の御神威から、厄を祓い、災難を除く守護神として信仰されます。

下鴨神社の正式名称は、賀茂御祖神社《かもみおやじんじゃ》。御祭神は、賀茂建角身命と、神となる御子を授かった、娘の玉依媛命。賀茂建角身命は古代の京都を拓かれたとして五穀豊穣、導きの神として知られます。玉依媛命は、縁結びや安産の神として、女性の信仰を集めます。

御神紋は、両社共に双葉葵。「葵を飾り、祭りをせよ」と御神託があったと伝わり、葵祭（賀茂祭）では、御所車や勅使、社殿にまで葵が飾られます。

DATA

京都市左京区下鴨泉川町59
075-781-0010
9:00～16:00（参拝は夏時間5:30～18:00、冬時間6:30～17:00）
Map P123-B

華やかな極楽浄土を夢見た、国宝・鳳凰堂へ

平等院《びょうどういん》

宇治

◉御本尊……阿弥陀如来坐像

平安時代後期にあたる永承7年（1052）、関白・藤原頼通《よりみち》が、父、道長から受け継いだ別荘を寺院に改め、平等院を創建しました。この年は、仏教で言う「末法の世に入るところ」で、僧侶や貴族は末法思想に心をとらえられ、救いを求めて極楽浄土を願う浄土信仰が広まりました。阿弥陀如来を信仰すれば極楽に行けるとされ、阿弥陀堂が各地に造られる中、鳳凰堂はその最たるものとして建てられました。堂内には、平安時代最高の仏師とされる定朝《じょうちょう》によって制作された、金色の阿弥陀如来坐像を安置。頭上には八《はっ》花鏡《かきょう》がはめ込まれ、堂内を輝かせたであろう、天蓋《てんがい》。さらに壁面には、合掌したり、楽器を奏でたり、舞いを踊るなどした、52体にも及ぶ雲中供養菩薩像がかけ並べられ、極楽浄土さながらの華やかさを極めます。

平等院の御朱印は、まさに寺院の象徴である、「鳳凰堂」と「阿弥陀如来」の2種類。「鳳凰堂」の御朱印には、その名の由来ともいわれる、大棟の南北両端に飾られた鳳凰一対を押印。現在は、新たに制作された2代目の鳳凰が大棟に置かれ、初代はミュージアム鳳翔館にて拝観できます。鳳凰堂の内部拝観は文化財保護のため、時間や人数に制限があり、先着順で午前9時から受付開始です。往時に思いを馳せ、阿弥陀如来と向き合ってください。極楽の宝池に浮かぶ宮殿のような、鳳凰堂の佇まいにも感動必至です。

御本尊の阿弥陀如来の御朱印もいただける。300円

雲中供養菩薩像（南20号）

御朱印 Check!

中央に「鳳凰堂」と書かれ、宝印には鳳凰一対が入る。鳳凰堂からミュージアム鳳翔館へ向かう参拝経路に御朱印受付がある。＊御朱印＊300円

DATA

宇治市宇治蓮華116
0774-21-2861
9:00～17:00（庭園8:30～17:30＊受付終了17:15、鳳凰堂内9:30～16:10＊受付9:00～先着順）
拝観600円、鳳凰堂内拝観は別途300円
Map P122-A

ミュージアム鳳翔館では雲中供養菩薩像、梵鐘など、国宝が間近で拝観できる

手漉き和紙を使った御朱印帳

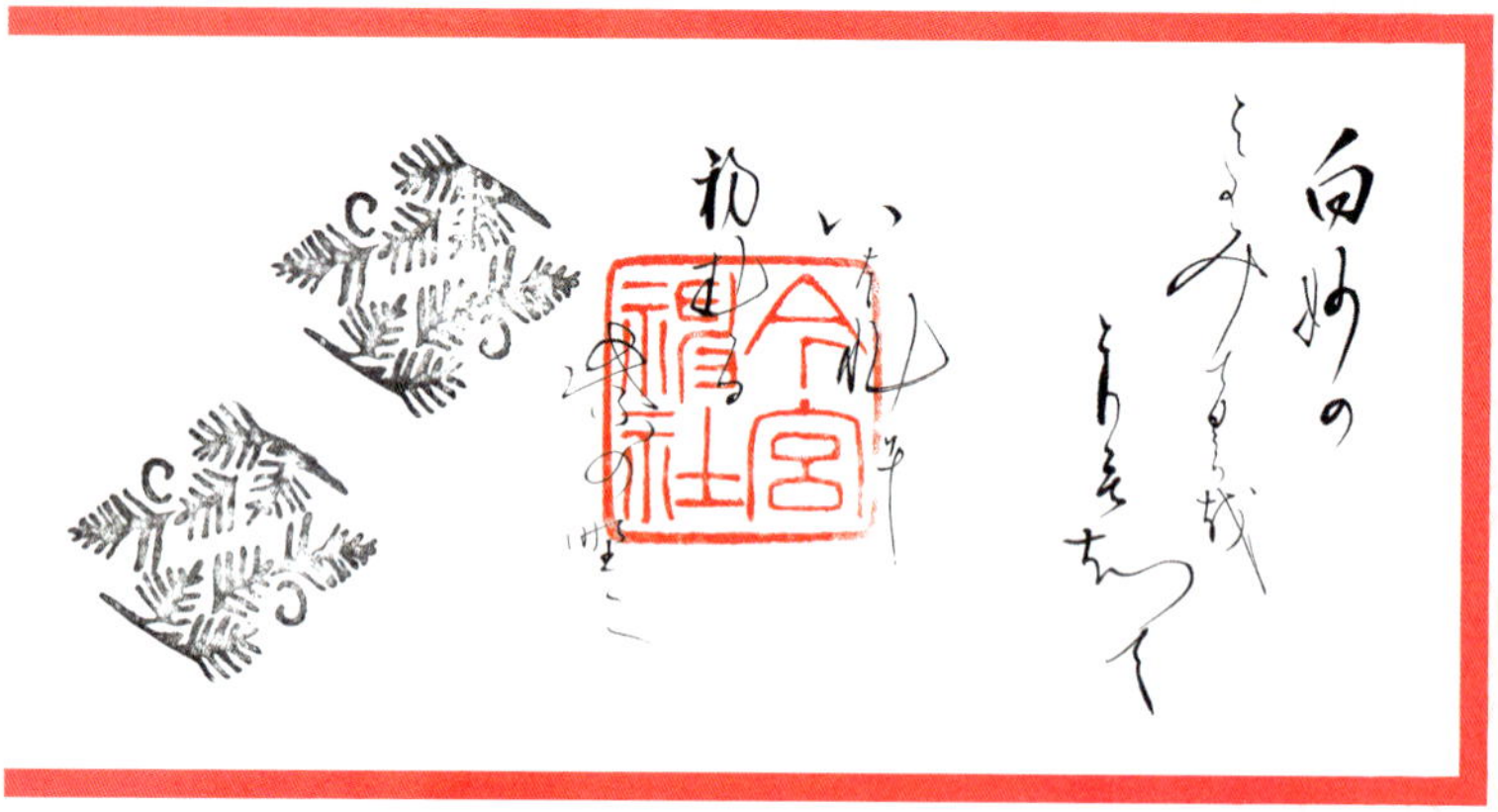

御朱印 Check!

花傘の印が大きく押される。＊御朱印＊左ページ見開き二面500円。右ページ三面の授与は専用の印台紙に押印し、いただける。1500円。中央に「今宮神社」と入る御朱印300円

無病息災を願ってきた京の奇祭、やすらい祭

今宮神社《いまみやじんじゃ》

紫野

●主祭神……本社：大己貴命《おおなむちのみこと》、事代主命《ことしろぬしのみこと》、奇稲田姫命《くしなだひめのみこと》　疫社：素戔嗚尊《すさのおのみこと》
●御利益……無病息災、健康長寿、良縁開運

今宮神社には疫神を祀る社が平安京以前よりあったといわれ、疫病や災厄を鎮める儀式、御霊会《ごりょうえ》が営まれてきました。見開き二面の御朱印は、平安時代のころより伝えられる、花鎮めの祭礼、やすらい祭の花傘です。古来、桜の花が散るころに疫病が流行るとされ、赤毛、黒毛の鬼や囃子方が練り歩き、花傘に疫病を集め、疫社へと送り込んで鎮めます。鞍馬の火祭、太秦《うずまさ》の牛祭と並んで京の三奇祭の一つとして知られ、花傘の下に入ると、健康に一年過ごせると伝わります。ぜひ無病息災を願ってお参りしましょう。

三面にわたる御朱印は、専用の印台

西陣の織物でつくられた玉の輿お守 800円

三面の御朱印が授与される印台紙

やすらい人形。札を玄関の外側に貼る

DATA

京都市北区紫野今宮町21
075-491-0082
9:00～17:00
Map P123-B

やすらい祭

花傘を中心に鉾や大鬼、囃子方など20名ほどの練り衆が町を練り歩くやすらい祭。上野やすらい会は、紫野の光念寺を12時ごろに出発して15時ごろ今宮神社に到着します。

神前で踊りが奉納され、今宮神社にある摂社、疫社に疫神を送り込んで鎮めます。毎年4月第2日曜日に開催。

紙に授与されるもので、和歌が入ります。長保3年（一〇〇一）、疫病が流行し都の人を悩ませたため、この紫野の地で御霊会が営まれ、新たに三柱の神を祀り神殿が建てられ今宮社が祀られました。その際、歌人の藤原長能《ふじわらのながとう》が詠んだ一首です。印台紙の表紙に野菜が織られているのは、今宮神社と縁の深い、桂昌院《けいしょういん》にちなんだもの。

桂昌院は、もともとは今宮神社の産《うぶ》子《こ》である西陣の八百屋の娘で、お玉といいました。大奥に入ったところ、徳川三代将軍家光に見初められて側室となり、五代将軍綱吉の生母となります。頂点を極めた、このシンデレラストーリーから、「玉の輿」という言葉が生まれたともいわれます。桂昌院は西陣への思いが強く、応仁の乱で荒廃した今宮神社の復興に努めたそうです。桂昌院にあやかって、縁結びや玉の輿祈願も盛んです。

宇《う》治《じ》上《かみ》神《じん》社《じゃ》

日本最古の神社建築に感激、季節限定の御朱印も楽しみ

宇治

●主祭神……菟道稚郎子、応神天皇、仁徳天皇
●御利益……学業向上 満願成就

現存する日本最古の神社建築として本殿と拝殿が国宝に指定され、世界遺産に登録。本殿建立年は平安時代後期、平等院と同じころと推測されます。華美な装飾はほとんどなく、簡素な佇まいがかえって参拝者の胸を打ちます。境内には、宇治の七名水として唯一残る桐原水が湧き出しているので、ぜひこの水で参拝前のお清めを。

本殿に祀られるのは、菟道稚郎子《うじのわきいらつこ》を中心に、応神天皇と仁徳天皇。菟道稚郎子は応神天皇の息子として生まれ、天皇の寵愛を受け、継承者に選ばれますが、儒教の教えから異母兄を差し置いて天皇にはなれないと、宇治の離宮に身を隠します。皇位継承はなかなか決着せず、皇位の空白が続きますが、

御朱印 Check!

宇治茶色の台紙に朱砂を材料にした印泥を使い、日付の入る「茶加美」朱印。紫紙の金字もあり
＊御朱印＊500円。墨書の御朱印は300円。通年授与

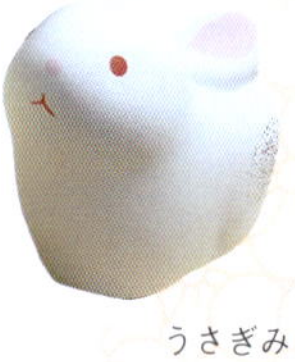

うさぎみくじ

結局は菟道稚郎子が死をもって譲り、兄が即位して仁徳天皇となりました。

博学だった菟道稚郎子にあやかり、宇治上神社には、学業上達の御祈願も多いといいます。また、色とりどりの季節限定の御朱印も評判で、菟道稚郎子の離宮が宇治にあったことに由来して「離宮」と書かれます。春には桜や藤の花をイメージした「花」朱印、夏には桐原水《きりはらすい》にちなんだ「清流」朱印、秋には紅葉や実りを感じさせる「秋色」朱印、冬には「雪うさぎ」朱印が登場。宇治名産の宇治茶にちなみ、緑色の台紙に書かれた御朱印「茶加美《ちゃかみ》」など、一年を通して授与される御朱印もあります。小さいながら、清々しい空気に満ち、何度でも訪れたくなる、唯一無二の美しい神社。日付の入る「茶加美」と季節限定の御朱印を一緒にいただき、見開きで御朱印帳に貼るのがおすすめです。

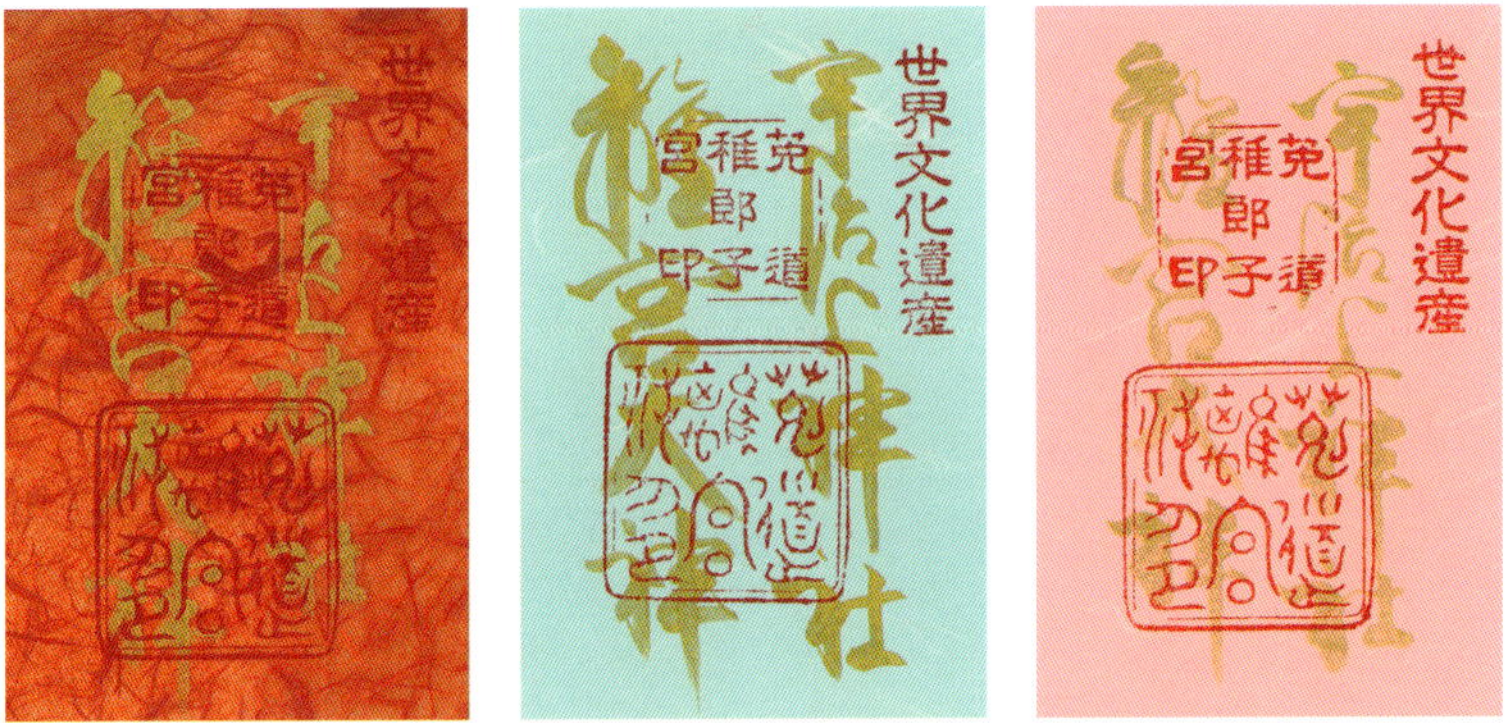

季節・数限定の御朱印は、春３色、夏２色、秋３色、冬２色が登場。季節の移り変わりに合わせて入れ替わっていく。書き置きのみ。御朱印各500円

DATA

宇治市宇治山田59
0774-21-4634
9:00～16:30
Map P122-A

本殿は平安時代初期につくられた現存する最古の流造《ながれづくり》。拝殿は鎌倉初頭のもので寝殿造様式

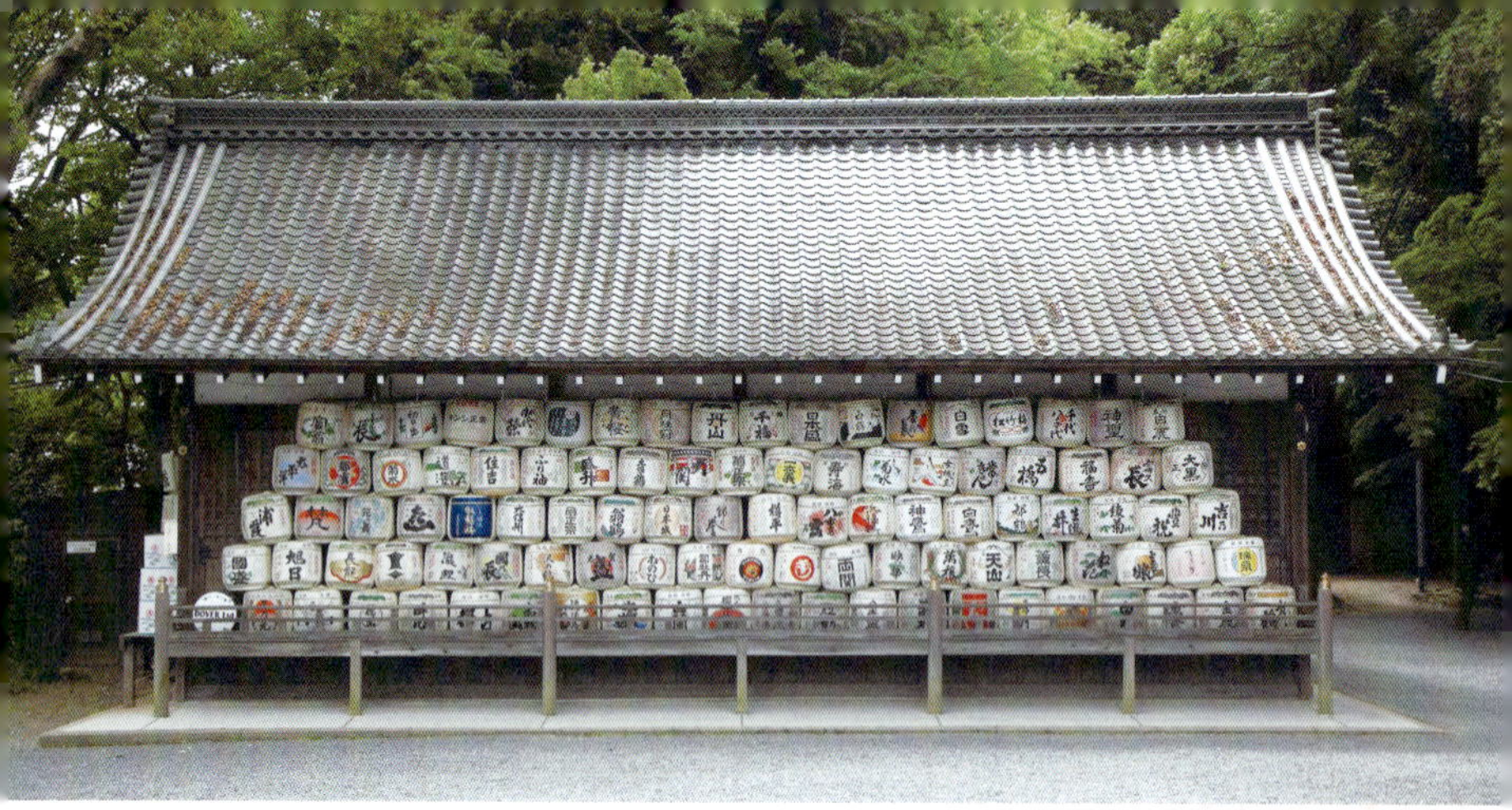

松尾大社《まつのおたいしゃ》

お酒の神様として知られる、京都の守り神

松尾

松尾大社は酒造りの神様として知られます。歴史は古く、大宝元年（701）創建。渡来人である秦《はた》氏一族が氏神として信仰した、古い社が起源とされます。御神紋は、京都最古の神社とされる、上賀茂神社・下鴨神社と同じ、双葉葵。両社と共に都の守り神の一つであり、京都洛西に約10万戸もの氏子があります。さらには、秦一族が酒造りに長《た》けていたことに由来し、全国の酒造家、味噌、醤油、お酢の醸造家、販売業者から信仰も厚く、境内には奉納された酒樽がぎっしりと。毎年11月の醸造祈願祭「上卯祭《じょううさい》」、4月の醸造感謝祭「中酉祭《ちゅうゆうさい》」には洋酒メーカーや卸業者まで集まり、祈願が行われます。

御朱印の左下の押印は、亀。松尾大社では、山城丹波の国を拓くため、神様が保津川を下る際、急流では鯉、緩流では亀に乗って進まれたと伝わり、神様のお使いとされています。本殿そばの「幸運の撫で亀」と「幸運の撫で双鯉」は参拝者が御利益を願って撫で、つるつるとなめらかです。境内に湧き出す、御霊泉の名も「亀の井」。延命長寿の御利益があるよみがえりの水ともいわれ、縁起が良いとして酒造りの仕込みにも使われます。御本殿の右手、渡り廊下の下に入口があるのでぜひ清らかな水を味わってください。

神輿が桂川を船で渡る4月下旬神幸祭（おいで）、5月中旬還幸祭（おかえり）、など祭事も多く、重森三玲による庭園「松風苑三庭」も見ものです。

ゆっくりと水が流れ出る亀の井

◉主祭神……大山咋神《おおやまくいのかみ》、中津島姫命《なかつしまひめのみこと》（市杵島姫命《いちきしまひめのみこと》）

◉御利益……酒業繁栄、醸造安全、延命長寿

本殿の建築様式は松尾造りと呼ばれる。また、鳥居には通常年は12束、うるう年は13束の榊が下げられる

春に境内を彩るやまぶき

幸運の撫で亀。やさしく撫でて、家内安全と長寿祈願を

御朱印 Check!

神様の使いである亀の印が入り、本殿の注連縄や手水舎など、境内のあちこちで亀と出会える。御朱印はお守りがいただける授与所で。＊御朱印＊300円

DATA

京都市西京区嵐山宮町3
075-871-5016
9:00～16:00、日祝～16:30
庭園拝観500円
Map P123-C

石庭と向き合い自分を見つめたい

龍安寺《りょうあんじ》

金閣寺

龍安寺の御朱印に書かれるのは、「石庭」。御本尊や仏殿が入ることが多いですが、禅の教えを伝える、龍安寺のシンボルとして「石庭」とされます。

水を使わず、白砂と石の組み合わせによって山水を表現する、枯山水。幅25m、奥行き11mほどの白砂の庭に配される石は、大小15個。どの角度からも15個揃っては見えず、角度によって見え方が変わります。作者は定かでなく、作庭の意図も明らかでないため、「虎の子渡し」、「心」という一字を表すなど、解釈はさまざま。また、庭園は一見、水平ですが、東南角に向かって排水を考慮して低くなり、西側の塀も奥に向かって低くなるようつくられ、奥行きが生み出す高度な技術が隠されています。どう見るか、どう読み解くか……、すべては鑑賞者の心に託されています。心静かに石庭と向き合い、自分に問いかけてみてください。

御朱印に押印された、「吾唯足知」とは、水戸光圀公から寄贈されたという、つくばいに刻まれたお釈迦様の教え。「われただ足るを知る」とは、自分が十分に満たされていることを知るということ。欲望にまかせて、不平不満を言うのではなく、今ある幸せを見つめ、感謝して生きる。日々の暮らしに照らし合わせ、心にとめたい言葉です。

石庭とは対照的な、緑あふれる鏡容池にもぜひ足を運んで。春には桜、夏は睡蓮が咲き誇り、秋は紅葉が見事。ゆったりと時を過ごしましょう。

御本尊……釈迦牟尼仏《しゃかむにぶつ》

季節で表情を変える鏡容池

茶室のそばにあるつくばい。中央の水穴を「口」に見立て、「吾唯足知」とする。一般公開されているのは複製

DATA

京都市右京区龍安寺御陵下町13
075-463-2216
御朱印帳記入9:00～16:00（都合により早く締切る場合あり）
拝観500円
Map P123-B

御朱印 Check!

「吾唯足知」はつくばいと同じデザイン。拝観せず御朱印のみの希望者には御朱印帳への記入は行わず、拝観受付で一枚ものを用意。＊御朱印＊300円

東福寺

東《とう》福《ふく》寺《じ》

京都屈指の紅葉の名所の知られざる大佛寶殿

御朱印 Check!

京都五山の一つ、山号は慧日山《えにちさん》。現在は本堂が仏殿兼法堂。3月14日～16日に涅槃会《ねはんえ》が行われ無病息災を祈願したあられ「花供御《はなくそ》」授与。＊御朱印＊500円

方丈庭園

紅葉の名所として知られる東福寺。奈良の東大寺と興福寺を模範とし、一字ずつを取って名付けられ、建長7年（1255）に創建されました。

御朱印にある「大佛寶殿《だいぶつほうでん》」とは、明治14年（1881）に焼失した、大仏が安置されていた仏殿の名です。高さ五丈＝約15mに及ぶ釈迦如来像を御本尊とし、「新大仏寺」と呼ばれて尊ばれた歴史を物語ります。押印された寺紋「下り藤」は、九條家の家紋。摂政・九條（藤原）道家によって、氏寺として開かれたことを伝えます。

通天橋から眺める楓は緑の季節も美しく、重森三玲による方丈庭園も必見。紅葉の見頃を迎える11月～12月初旬の看楓特別公開では、御朱印は書き置きのみとなり、紅葉の印が入ります。

◉御本尊

釈迦如来尊像

DATA

京都市東山区本町15-778
075-561-0087
9:00～16:00、11～12月初旬8:30～、12月初旬～3月末9:00～15:30（受付終了、閉門は30分後）
通天橋・開山堂拝観400円、本坊庭園拝観400円
Map P125-F

山中で修行し、悟りを得る
修験道の総本山へ

聖護院

聖護院門跡《しょうごいんもんぜき》

御本尊……不動明王

聖護院は後白河天皇の皇子、静恵《じょうえ》法親王が入寺して以来、明治まで37代の門主のうち25代が皇室より、12代が摂家より住職となられた門跡寺院です。

御朱印に法螺貝《ほらがい》が押されるのは、聖護院が山伏の総本山であることに由来します。法螺貝は、山伏がさまざまな合図として使用する法具であり、その音色自体が仏の説法とも捉えられています。

聖護院が行う山修行は、実は誰でも参加可能。2月3日の節分会や6月7日の役行者《えんのぎょうじゃ》報恩大会の大護摩供などに足を運んでみましょう。

山伏による大護摩供。祇園祭での役行者山《えんのぎょうじゃやま》の護摩焚きも聖護院門跡の山伏が行う

御朱印 Check!

中央の梵字は不動明王を表す「カーン」。己を律する正しい智慧に導く仏として、修行中に心中で念じる。「神変大菩薩」の御朱印も。＊御朱印＊300円

DATA

京都市左京区聖護院中町15
075-771-1880
9:30～17:00、9～3月は～16:30
参拝無料（秋季特別拝観800円）
Map P124-D

法然上人の教えを御詠歌にして伝える

知《ち》恩《おん》院《いん》

東山

◉御本尊……阿弥陀如来坐像

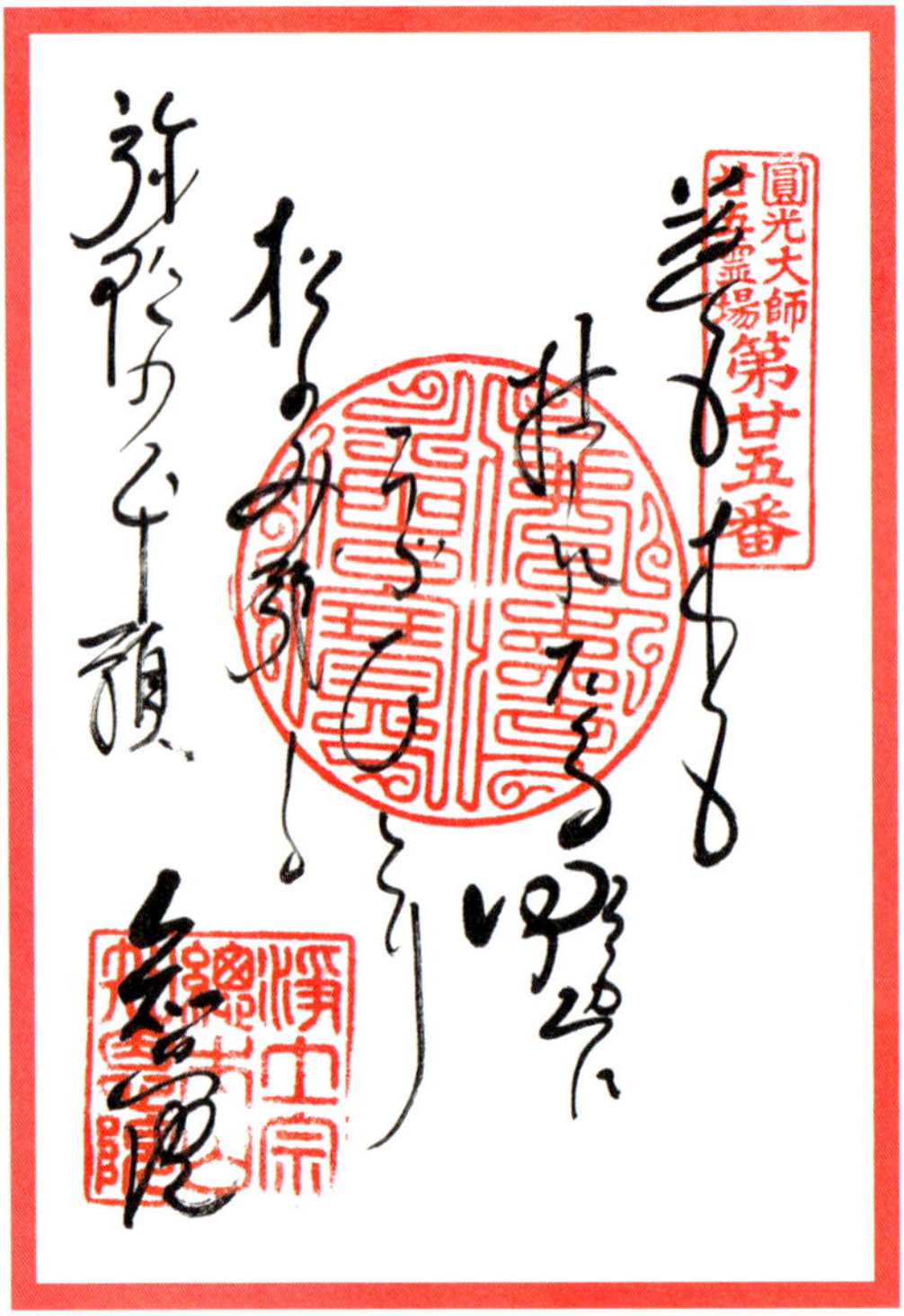

御朱印 Check!

圓光大師二十五霊場の第二十五番札所と右上に押印。御詠歌を詠まれたのは増上寺第十二世、観智国師源誉存応上人。中央は三宝印。＊御朱印＊300円

「法然上人」の御朱印。ほかに「勢至菩薩」の御朱印もある。300円

念仏の教えを広めた、浄土宗の開祖、法然上人。知恩院は後半生を過ごした、ゆかりの地に建てられた浄土宗の総本山。御朱印には法然上人の名が書かれます。また、仏教の教えを和歌にした、御詠歌の御朱印もいただけます。「草も木も　枯れたる野辺にただひとり　松のみ残る弥陀の本願」とは、「草木が枯れても緑が残る松のように、阿弥陀様の教えはなくなることはない」ということ。「南無阿弥陀仏」と一心に唱えることで、すべての人が救われるという、浄土宗の教えを讃えています。御詠歌にも心をとめてみてください。

DATA

京都市東山区林下町400
075-531-2111
9:00～16:30（16:00受付終了、方丈庭園～15:50）
参拝無料（友禅苑300円、方丈庭園400円、共通券500円）
＊共通券販売～15:20
Map P124-D

鞍馬口

光明ですべてを包む美しい波ゆり題目

妙《みょう》顕《けん》寺《じ》

◉御本尊……釈迦如来

御朱印 Check!

「龍の躍るが如し」と言われ、美しい曲線が特徴の「波ゆり題目」。日蓮宗のお題目を集めた「御首題」だけでなく御朱印帳にも授与。＊御朱印＊500円

尾形光琳ゆかりの、光琳曲水の庭

元亨元年（1321）、日像が創建した、京都初の日蓮宗寺院。聚楽第《じゅらくだい》を造るまで豊臣秀吉が宿所とし、天正12年（1584）、秀吉の命で現在地に。

日蓮宗の御朱印は御首題と呼ばれ、「南無妙法蓮華経」と書かれます。ひげのように跳ね、伸びる独特の筆法で、伸ばした部分は「光明点」とされ、光明が地獄界まで届き、すべてのものを救う様を表します。日像は鎌倉の由比ケ浜で百日間修行。海面にお題目を書くと金色に光って浮き上がり、波のように漂ったと言い伝えられ、妙顕寺のお題目は「波ゆり題目」と呼ばれます。

DATA

京都市上京区寺之内通新町西入ル妙顕寺前町514
075-414-0808
10:00～16:00（年間行事などにより休止の場合あり）
拝観300円
Map P123-B

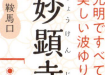

column 01

かわいいおみくじ

手元に置いておきたい、
かわいらしいおみくじを
ご紹介。

御金みくじ

御神木であるイチョウの形のおみくじは大大吉まで入っているとか。中には金運を招く縁起物入り。

初穂料＊300円

御金神社▶P62

神鹿みくじ

おみくじの巻物をくわえた、神の使いである鹿を木彫りに。参拝の記念に飾っておきたいデザイン。

初穂料＊700円

大原野神社▶P44

ひめみくじ

底の部分におみくじが入ったひめだるまは、願いごとを書いて境内の天之真名井に奉納する人がたくさん。

初穂料＊800円

市比賣神社▶P51

猪みくじ

おみくじ入り猪置物として授与されている、愛くるしい表情が特徴。底におみくじが入っています。

初穂料＊500円

護王神社▶P69

えんむすびおみくじ

源氏物語の各巻をイメージし十二単の形をした雅なおみくじ。男女別で用意されています。

初穂料＊300円　相生社▶P42

2章

御朱印でパワーアップ

御利益はやっぱり気になるもの。
今の自分からのパワーアップを願って
御朱印をいただきましょう。

恋愛や友情、仕事関係、愛する人との子どもなど、ステキなご縁を願いましょう。

縁結び

貴船神社《きふねじんじゃ》

貴船

御朱印Check! 双葉葵の神紋は、かつて上賀茂神社の第二摂社であったことを示す。左下は貴船に多く自生する秋明菊で、別名貴船菊。＊御朱印＊300円

主祭神……高龗神、磐長姫命
御利益……運気隆昌、縁結び、諸願成就

山々の緑に抱かれ、洛北の地に鎮座する貴船神社。その創建は古く、白鳳6年（677）には社殿の造替がなされたと文献に残っています。社記では御鎮座について、「太古の丑の年、丑の月、丑の日に、貴船大神が天から貴船山の鏡岩に天降《あまくだ》った」、「玉依姫が黄船に乗って淀川や鴨川を遡り、貴船川の上流の地に至り、祠を建てて水神を祀った」と記述。平安期には既に広く信仰を集めていたようで、和歌や文学に数多くその名が見られます。

本宮に祀られる御祭神は、伊弉諾尊《いざなぎのみこと》の御子神《みこかみ》である高龗神《たかおかみのかみ》。奥宮も高龗

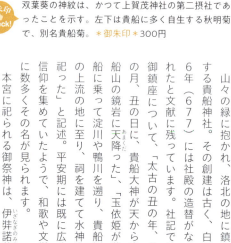

水まもり各1000円

万物のエネルギー・氣が生じる根元を表す「氣生根《きふね》」とも表記される貴船神社は、京都屈指のパワースポット

DATA

京都市左京区鞍馬貴船町180
075-741-2016
9:00～17:00（参拝は6:00～20:00、12～4月は～18:00）
Map P122-A

女流歌人・和泉式部が夫の心変わりに悩んで参詣、歌を奉納し、夫の愛を取り戻したという史実がある結社

神を祀りますが、一説には闇龗神《くらおかみのかみ》を祀るとも伝わり、航海安全の守護神・船玉神としても信仰を集めています。社記には「高龗神も闇龗神も、呼び名は違っても同じ神なり」とあり、ともに水を司る龍神だと考えられています。

中宮とも呼ばれる末社の結社《ゆいのやしろ》の御祭神は磐長姫命《いわながひめのみこと》。瓊瓊杵尊《ににぎのみこと》が妹の木花《このはなの》開耶姫《さくやびめ》命だけをめとったとき、姉の磐長姫命は「我長くここにありて縁結びの神として世人のために良縁を得させん」と言い、鎮座されたと伝わります。古来、結社で縁結びを祈願するときには、玉垣に細長い葉を結びつけて祈る習わしがありました。現代では、細長い緑色の紙「結び文」に願い事をしたため、結び処に結び祈願します。

古くから、本宮、中宮、奥宮とお参りする三社詣が盛んに行われています。良縁祈願のお参りをして、御朱印をいただいて帰りましょう。

良縁祈願

相生社《あいおいのやしろ》

下鴨

相生社は下鴨神社の末社です。御祭神は、縁結びや結納の守護神である、神皇産霊神《かむむすびのかみ》。人と人のご縁はもちろん、仕事や住まいなど、さまざまな良縁祈願に人気です。右下の押印が表すのは御神木である、連理の賢木《さかき》。2本の木が幹の途中から1本に結ばれ、縁結びのパワーを感じます。

紅白の紐が結ばれた縁結びの絵馬は、思いを込めて祈願しながら女性が左回り、男性が右回りでお社のまわりを回り、奉納するのが作法。良縁祈願はもちろん、カップルで一緒に幸せを祈願しても。木の根元には小さな木の芽が生え、安産・育児の神様としても親しまれます。

●主祭神……神皇産霊神
●御利益……縁結び、安産・育児祈願、家庭円満

御朱印Check!
縁結びの赤い糸と、相生社のシンボルである連理の賢木の印が押されて愛らしい。下鴨神社の御朱印受付所で授与。書き置きのみ。＊御朱印＊300円

連理の賢木

DATA

京都市左京区下鴨泉川町59
075-781-0010(下鴨神社)
9:00～16:00(参拝は終日)
Map P123-B

良縁祈願

梨木神社《なしのきじんじゃ》

京都御所

●主祭神……三條実萬公、三條実美公
●御利益……学業成就、縁結び

縁結び絵馬

御神木の桂

御朱印Check!

社紋の三條花角は三條家の家紋。中央は梨木神社、左下は梨木神社之印。社号は三條家の邸宅が梨木町にあったことに由来。＊御朱印＊300円

秋になると境内を覆い尽くす萩の様子から、萩の宮とも呼ばれる梨木神社は、明治18年（1885）の創建。明治維新の功労者である三條《さんじょう》実萬《さねつむ》公、実美《さねとみ》公親子を祀っています。親子ともに学問に秀でており、学業成就の神として信仰を集めています。

近年注目を集めているのが、愛の木と呼ばれる御神木の桂《かつら》。葉の形がハート型をしていて、木に触れながら祈ると願いが叶うといわれています。縁結びの御利益ありと、話題を集める愛の木。この愛の木の葉をデザインしたハート型の絵馬を奉納して、すばらしいご縁を授かりましょう。

DATA

京都市上京区寺町通広小路上ル染殿町680
075-211-0885
9:00～17:00（参拝は6:00～17:00）
Map P123-B

良縁祈願

大《おお》原《はら》野《の》神《じん》社《じゃ》

大原野

●主祭神
建御賀豆智命《たけみかづちのみこと》、伊波比主命《いはひぬしのみこと》、天之子八根命《あめのこやねのみこと》、比咩大神《ひめのおおかみ》

●御利益
縁結び、勝運、家内安全

京春日の名を持つ大原野神社は、延暦3年（784）、天智天皇が都を長岡京に移したときに、藤原氏が氏神である春日大社の分霊を祀ったのが起こり。後に藤原冬嗣の娘・順子が産んだ文徳天皇が、壮麗な社殿を造営しました。以来、朝廷や皇族の信仰が厚く、歴代天皇や摂関家の華々しい参詣の様子は、『源氏物語』をはじめとする多くの平安文学に描かれています。現在も良縁を授けてくれる神様として広く信仰を集めています。御朱印に押されるつがいの神鹿が良縁を運んでくれそうです。

御朱印Check!
春日大社の御神紋・下がり藤に鹿の印。春日大社の第一の分社であることを示す、京春日の文字が書かれる。＊御朱印＊300円

DATA

京都市西京区大原野南春日町1152
075-331-0014
9:00～17:00
Map P122-A

悪縁切り・縁結び

安井金比羅宮《やすいこんぴらぐう》

祇園

治承元年（1177）建立の、光明院観勝寺が起こり。応仁の乱で荒廃しましたが、元禄8年（1695）に、太秦安井の蓮華光院を移建。その鎮守として崇徳天皇、源頼政公、讃岐の金刀比羅宮から勧請した大物主神《おおものぬしのかみ》を祀ったことから、安井の金比羅さんと呼ばれるようになりました。

崇徳天皇が金刀比羅宮で一切の欲を断って参籠《さんろう》したことから、古くから断ち物祈願の信仰が盛ん。さらに、悪縁を切ることで良縁を結ぶことができると、良縁祈願の参拝者が絶えません。恋愛だけでなく、人間関係や仕事など、さまざまな縁切り縁結びの御利益がいただけます。

◉主祭神……崇徳天皇、大物主神、源頼政公
◉御利益……悪縁切り、縁結び、交通安全

縁切縁結セット守
800円

御朱印 Check!

安井金比羅宮の御神紋は、丸に金字紋と八雲紋。左上に、丸に金字紋の帆を掲げる、宝船の印が押される。＊御朱印＊300円

DATA

京都市東山区東大路松原上ル下弁天町70
075-561-5127
9:00～17:30（参拝は終日）
Map P124-D

良縁祈願

聖護院

須賀神社《すがじんじゃ》

古くは西天王社と呼ばれた須賀神社は、貞観11年（869）に創建されました。後に鳥羽天皇の皇后・美福門院が建てた歓喜光院の守り神とされましたが、鎌倉時代末期に戦乱を避け吉田神楽岡に遷座。後醍醐天皇の勅命で社殿が造営されました。大正13年（1924）に、元の御旅所であった現在地に還座しています。

御祭神が夫婦の神様であることから、縁結びや家内安全、安産の信仰が盛ん。特に節分祭の期間だけ授与される、縁結びのお守り「懸想文《けそうふみ》」が有名です。節分祭期間は、通常のものに加えて限定の懸想文御朱印（500円）が授与されます。7月には、末社稲荷社の限定御朱印（500円）も。

●主祭神……健速須佐之男命《たけはやすさのおのみこと》、櫛稲田比賣命《くしなだひめのみこと》

●御利益……縁結び、安産、諸事必勝

縁結びのお守り
500円

DATA

京都市左京区聖護院円頓美町1
075-771-1178
9:00～17:00
Map P124-D

御朱印Check!
神社の古名、西天王の墨書。書き手によって字体が異なり、どのような御朱印がいただけるかは楽しみの一つ。＊御朱印＊300円

子授け・安産

染《そめ》殿《どの》地《じ》蔵《ぞう》院《いん》

新京極

安産・子宝守
800円

◉御本尊……地蔵菩薩
◉御利益……子授け・安産守護、子ども守護

大同3年（808）に空海が創建。文徳天皇の皇后・藤原明子が皇子を授からないことを悩み、四条に祀られる地蔵菩薩が子宝に御利益があると聞いてお参り、願掛けしたところ、男の子を授かったそう。明子が染殿皇后と呼ばれていたことから、願を掛けた地蔵菩薩は染殿地蔵と呼ばれるようになりました。

　子授け、安産で信仰を集めるお地蔵様なので、お守りや御朱印に犬が描かれています。犬はお産が軽いため、安産の象徴。ぜひ戌の日にお参りして、御朱印をいただきましょう。かわいい犬の御朱印を眺めていれば、心が明るくなり願いも叶いそうです。

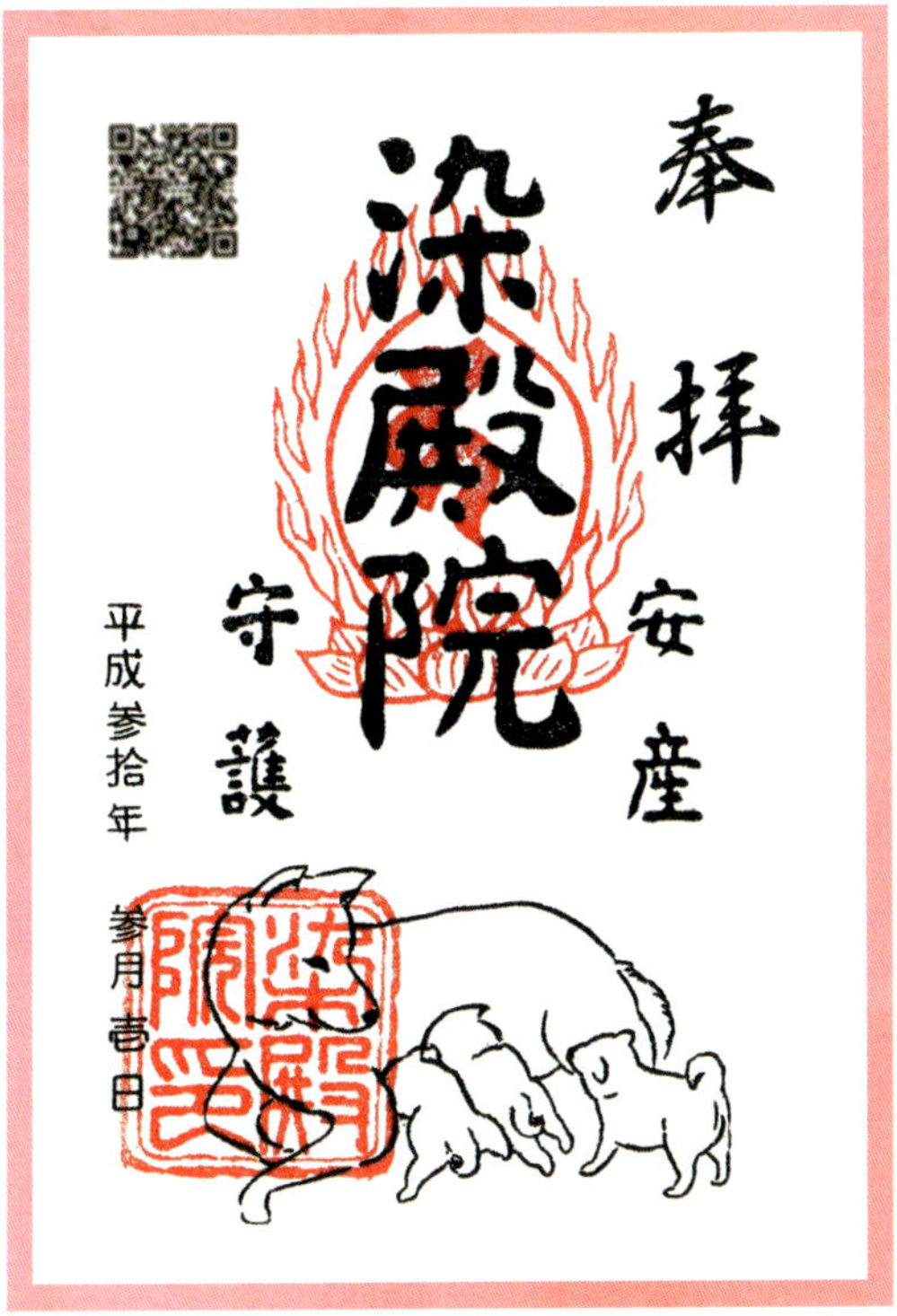

御朱印 Check!

地蔵菩薩を表す梵字「カ」の御宝印が押され、犬の親子が描かれる。左上のQRコードを読み込むとお楽しみが。＊御朱印＊300円

DATA

京都市中京区新京極通四条上ル中之町562
075-221-3648
10:00～18:00
Map P125-F

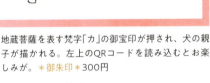

いつだって輝いていたい！そんな女性の望みを叶えてくれる神仏をご紹介します。

美麗祈願

泉《せん》涌《にゅう》寺《じ》楊《よう》貴《き》妃《ひ》観《かん》音《のん》堂《どう》

東福寺

●御本尊……楊貴妃観音像
●御利益……美麗祈願

楊貴妃観音堂には、六羅漢像の中央に楊貴妃観音像が安置される。美麗祈願の女性が多く訪れる

斉衡2年（855）に左大臣・藤原緒嗣《おつぐ》が僧・神修《しんしゅう》に山荘を与え、仙遊寺としたのがはじまり。建保6年（1218）に月輪大師《がちりんだいし》俊芿《しゅんじょう》が泉涌寺の名に改めて、大伽藍を整備しました。泉涌寺の名は、境内の一角から清水が涌き出たことに由来。この水は今も涸れることなく涌き続けているそう。

四条天皇が葬られて以来、泉涌寺は皇室の菩提寺として守られてきました。「御寺《みてら》」という尊称を持つのは、日本で唯一。皇室との深い結びつきを示しています。また天台、真言、禅、浄土の四宗兼学の道場として、公家、

1月に行われる泉山七福神巡りでは、福笹に縁起物を集める。番外の愛染明王と楊貴妃観音を加え九福神とも

DATA

京都市東山区泉涌寺山内町27
075-561-1551
9:00～16:30（12～2月9:00～16:00）
拝観500円
Map P124-D

御朱印 Check!

楊貴妃観音の文字は優美で、美しさにあやかれそう。御朱印は泉涌寺本坊の納経所でいただくことができる。＊御朱印＊300円

武家を問わず深い信仰を集めました。
両側に塔頭《たっちゅう》が建ち並ぶ参道を抜け、大門をくぐると、深山の清浄な気に包まれ、壮麗な伽藍が月輪山の麓に甍《いらか》を連ねています。大門のすぐ左側にあるのが楊貴妃観音堂。唐の玄宗皇帝が亡き楊貴妃の冥福を祈って造らせたという伝説を持つ聖観音像が安置されています。湛海律師《たんかいりっし》が安貞2年（1228）に請来した像で、江戸初期ごろから楊貴妃観音と呼ばれるようになったそう。楊貴妃観音の御宝印は、海を渡ってこられたことから、菊と波が組み合わされたもので、御朱印にも押されます。色彩豊かな宝相華唐草透かし彫りの宝冠を身に付け、宝相華を手に穏やかな表情で端座する像は、楊貴妃の名を冠するのにふさわしい優美さ。世界三大美女の一人・楊貴妃の名を持つ観音菩薩にあやかろうと、女性の信仰を広く集めています。

美麗祈願

河合神社《かわいじんじゃ》

下鴨

●主祭神……玉依姫命
●御利益……美麗祈願、縁結び、出産・育児祈願

御朱印Check!
下鴨神社と同じ御神紋である双葉葵を押印。中央は「河合神社」と書かれていることも。基本的に書き置きで年月日を記載。＊御朱印＊300円

下鴨神社の庭で収穫したカリンで作る美人飴350円

下鴨神社の摂社として、清らかな糺《ただす》の森にたたずみます。正式名称は、鴨《かもの》河合《かわあい》坐《にいます》小《お》社宅神社《こそやけじんじゃ》。かつては現在地よりやや南の、賀茂川と高野川が合流するあたりに位置し、その名が付いたとされます。御祭神である玉依姫命《たまよりひめのみこと》は、桓武天皇のお母様。玉のように美しく、内助の功が女性の鑑とされ、美麗の神様として、女性の参拝が絶えません。
境内で目を引くのが、鏡絵馬。愛用の化粧道具で絵馬の絵にメイクし、自らの姿を写して奉納します。外見のみならず、内面も磨き、美しく輝けるよう願いを込めてどうぞ。

DATA

京都市左京区下鴨泉川町59
075-781-0010（下鴨神社）
9:00～16:00（参拝は夏時間5:30～18:00、冬時間6:30～17:00）
Map P123-B

女人守護

五条

市比賣神社《いちひめじんじゃ》

創建は延暦14年（795）、京都の左右の市場を守護する神様として勧請されました。創建時は現在の西本願寺辺りに境内が広がり、全国からの産物が集まる、平安京唯一の官営市場として賑わっていたと伝わります。

御祭神が全て女神様であることから、女性の守り神として信仰を集めており、特に女人厄除け祈祷が有名です。

境内には一願成就の井戸として知られる、天之真名井《あめのまない》があります。古来皇室の産湯に用いられてきた由緒ある井戸で、洛陽七名水の一つです。願いを込めて、水を汲みに訪れる人が絶えません。

◉主祭神……多紀理比賣命《たぎりひめのみこと》、市寸嶋比賣命《いちきしまひめのみこと》、多岐都比賣命《たきつひめのみこと》、神大市比賣命《かみおおいちひめのみこと》
◉御利益……女人守護、市場守護

御朱印Check! 皇室とのゆかりを示す菊の紋。女性の守り神であることを示す「女人守護所」と書かれている。
＊御朱印＊300円

天之真名井

DATA

京都市下京区河原町五条下ル一筋目西入ル
075-361-2775
9:00~16:30
Map P125-F

芸道上達

誓《せい》願《がん》寺《じ》

新京極

御本尊……阿弥陀如来
御利益……芸道上達、女人往生

創建は飛鳥時代、天智天皇6年(667)。当初は奈良にありましたが、京都に移転し、後に豊臣秀吉によって現在の地に移されました。

清少納言と和泉式部がこの寺で極楽往生を遂げたと伝わることから、女人往生の寺として名高い誓願寺。和泉式部は謡曲『誓願寺』で歌舞の菩薩とされ、芸道上達の信仰を集めます。扇塚に扇子を奉納するほか、授与される扇子に願い事を書き込んで本堂の外壁に奉納する習わしがあります。

こちらでは納経印として本来の形を知る写経、写仏体験も可能。仏様とご縁を結ぶ御朱印は特別な存在になりそうです。

奉納された扇

DATA

京都市中京区新京極桜之町453
075-221-0958
9:00～17:00
Map P125-F

御朱印 Check!

和泉式部忌や策伝忌、涅槃会など期間限定のものもあり御朱印は多種。阿弥陀如来の御朱印には和泉式部の印も押される。＊御朱印＊300円

美髪

嵐山

御《み》髪《かみ》神《じん》社《じゃ》

●主祭神……藤原采女亮政之公
●御利益……髪と髪にまつわる職業の守護

御髪神社は、御祭神の藤原采女亮政《ふじわらうねめのすけまさ》之《ゆき》公が髪結い師の祖であることから、日本で唯一の「髪」を守護する神社。

絵馬800円

御朱印 Check!
右上には藤原家の紋である下がり藤の印が押される。御髪神社は2018年3月に理容遺産に認定された。社務所は不定休。＊御朱印＊300円

健やかな頭髪を願う人々のほか、理美容業界の従事者、理美容師の国家試験受験者などから崇められています。

御神紋は菊の花の中央に髪の文字。髪の神様ならではの珍しい紋です。

昔も今も、健康で美しい髪は女性の命。この神社では美髪祈願として、献髪を行うことができます。数センチの長さに数本カットした髪を、髪塚に奉納。神職により日々祈拝が行われます。

髪が奉納される髪塚

DATA

京都市右京区嵯峨小倉山田淵山町10-2
075-882-9771
10:00～15:00
Map P123-C

最近調子がいまいちと感じるなら、パワーが集まる場所をめぐって運気をアップ。

運気全般

伏見稲荷大社《ふしみいなりたいしゃ》

伏見

●主祭神　宇迦之御魂大神《うかのみたまおおかみ》

●御利益　五穀豊穣、商売繁昌、家内安全

稲荷神社の総本宮・伏見稲荷大社の創建は、今からおよそ１３００年前。稲荷山に稲荷大神が鎮座しました。以来、五穀豊穣や商売繁昌を願う人々に信仰され続けています。清少納言が『枕草子』の中で、初午詣の様子を記していることからも分かるように、広く庶民の間でも信仰されるお山であったようです。

楼門を抜けて、まずは本殿へ。引きも切らず参拝者が訪れ、一心に祈りを捧げていきます。本殿での参拝を済ませたら、千本鳥居を抜けて奥社奉拝所へ向かい、そこから稲荷大神が鎮座した稲荷山を巡拝するお山めぐりへ。三つ辻から四つ辻、三の峰、間の峰、二の峰、一の峰と巡拝します。至る所に築かれた祠《ほこら》やお塚は、ここが観光地ではなく信仰の山であることを気付かせてくれます。

御膳谷《ごぜんだに》奉拝所のある御膳谷は、三つの峰の渓谷が集まる、稲荷三ヶ峰遥拝の要の地。かつては神饗殿《みあえどの》、御竈殿《みかまどの》があり、神饌《しんせん》を供する地であったと伝わります。神様のいらっしゃる神域の気をいただき、心身ともに清められるお山めぐりを体験しましょう。参拝の証の御朱印をいただくのも忘れずに。

御膳谷奉拝所でいただく御朱印はお山巡りの証。奉拝ではなく登拝と書かれる。300円

持ち上げたときに感じる重さで願い事の成就可否を占う「おもかる石」

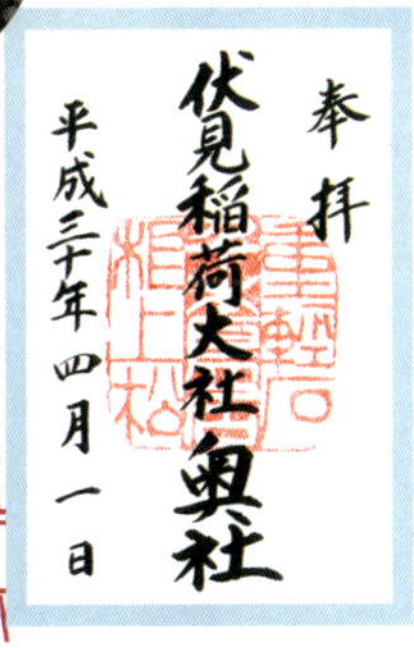

奥社でいただく御朱印には、重軽石、千本鳥居、根上松と書かれた角印が押される。300円（書き置きのみ）

懸魚《げぎょ》の金覆輪《きんぷくりん》や垂木鼻《たるきはな》の飾金具など壮麗な装飾がすばらしい本殿

DATA

京都市伏見区深草藪之内町68
075-641-7331
授与所7:00～18:00、奥社奉拝所授与所8:30～16:00
Map P122-A

眷属《けんぞく》は口に鍵や宝珠、稲束をくわえている

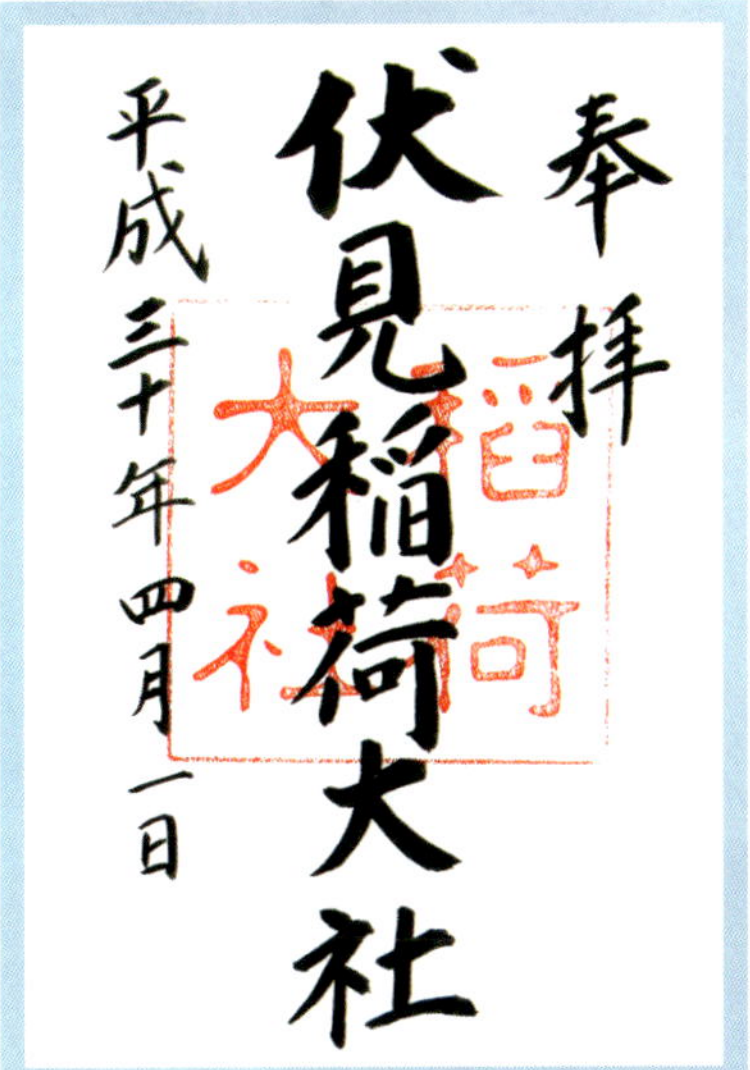

御朱印 Check!

本殿でいただく御朱印。稲荷大社と書かれた角印が押され、シンプルで格調高い。＊御朱印＊300円

魔除け

西陣

晴明神社《せいめいじんじゃ》

式神石像

寛弘4年（1007）創建。平安中期の天文学者であり、日本における陰陽道の祖とされる安倍晴明《あべのせいめい》公を祀ります。晴明公の偉業を讃えた一条天皇の命により、屋敷跡である現在の地に社殿が設けられました。式神を自在に操り、吉凶を占い人々の悩みや苦しみを取り払ったという安倍晴明公は、現代でも魔や災厄を除けてくれると信仰を集めています。

鳥居の扁額《へんがく》や拝殿前の提灯をはじめ境内の至る所で見られ、御朱印にも押される「晴明桔梗」は五芒星ともいわれる陰陽道で使われる祈祷呪符。キャッチーな形が注目されますが、お守りなど身につけるだけで魔を寄せ付けないパワーもいただけそうです。

御朱印 Check!

社紋である晴明桔梗の印。晴明社の文字は、安倍晴明の子孫である土御門晴雄《つちみかどはれたけ》氏の文字を版にしている。＊御朱印＊300円

DATA

京都市上京区晴明町806
075-441-6460
9:00～18:00
Map P123-B

●主祭神……安倍晴明御霊神
●御利益……魔除け、厄除け

宇宙のパワー

鞍馬寺《くらまでら》

鞍馬

京都の奥座敷、鞍馬の山中に広大な境内が広がる鞍馬寺。古くは都の北方守護として信仰を集めた鞍馬寺は、鑑真の高弟・鑑禎《がんちょう》により開かれました。牛若丸が天狗と剣の稽古をしたという伝説や、古典文学でも数多く取り上げられていることから、その名を知る人も多いかもしれません。

御本尊は千手観世音菩薩・毘沙門天王・護法魔王尊。三身一体で尊天と称する秘仏で、60年に一度、丙寅の年に開扉されます。金堂前の金剛床は、天からのエネルギーが降り注いでいる場所。中央に立ち、宇宙のパワーを浴びましょう。力強い筆遣いの御朱印をいただけば、運気もアップしそうです。

◉御本尊 …… 千手観世音菩薩、毘沙門天王、護法魔王尊

星曼荼羅を模した金剛床

御朱印 Check!

尊天は、すべての生命を生み出す宇宙のパワーだとされている。角印の雍州《ようしゅう》路は古来、若狭と京を結ぶ道を指した言葉。＊御朱印＊300円

DATA

京都市左京区鞍馬本町1074
075-741-2003
9:00～16:00
愛山費300円
Map P122-A

一願成就

鈴虫寺《すずむしでら》

松尾

一年中途切れることのない鈴虫の妙《たえ》なる羽音から鈴虫寺と呼ばれますが、正式には妙徳山華厳寺。享保8年（1723）に華厳宗の僧・鳳潭《ほうたん》によって開かれました。

鈴虫寺に訪れる人々を出迎えてくれるのは、願い事を一つだけ叶えてくれるというお地蔵様。幸福地蔵とも呼ばれるお地蔵様は願い事をした人の元に歩いて行くためにわらじを履き、大切な願いを一つだけ叶えてくださいます。庭の片隅には妙音菩薩が祀られていて、御朱印の墨書はこの菩薩様のこと。さまざまな自然の織り成す優しい音色で、訪れる人々の心を穏やかに癒やしてくれます。

●御本尊……大日如来
●御利益……一願成就

幸福御守300円

御朱印 Check!

妙音大士の妙音とは自然の美しい音、大士は菩薩のこと。鈴虫の音色や、風やせせらぎが奏でる妙なる音をいう。＊御朱印＊300円

DATA

京都市西京区松室地家町31
075-381-3830
9:00～17:00
拝観500円
Map P123-C

御朱印 Check!

中央に赤山大明神を表す梵字「カ」、周囲に境内に祀られる神仏を示す梵字を配している。皇室の祈願所であったことから菊の紋が。＊御朱印＊300円

鬼門封じ

修学院

赤山禅院《せきざんぜんいん》

鬼門封じの猿

仁和4年（888）に第3世天台座主・円仁の遺命によって創建された、比叡山延暦寺の塔頭《たっちゅう》。唐の赤山から泰《たい》山《ざん》府《ふ》君《くん》を赤山明神として勧請し、都の表鬼門の鎮守として祀りました。

境内には、赤山大明神を祀る本殿のほか、さまざまな神仏を祀る社殿やお堂があります。赤山大明神にお参りしたら、大きな数珠「正念誦」をくぐり、順路にしたがってお参りしましょう。福禄寿殿では参拝の証として御朱印が授与されます。「還念珠」をくぐればゴールです。お参りの間、願い事を念じ続け、その願いのために努力することを仏様に誓えば、願いが叶うといわれています。

●御本尊……赤山大明神
●御利益……方除け、鬼門除け

DATA

京都市左京区修学院関根坊町18
075-701-5181
9:00～16:30
Map P124-E

心身にゆとりがほしい

お金や地位、運や健康。あらゆる悩みを解消して幸せを手に入れましょう。

●主祭神……清原頼業公
●御利益……学業成就、商売繁昌、金運上昇

金運

車折神社《くるまざきじんじゃ》

嵐山

御祭神の清原頼業《よりなり》公は、和漢の学識が深く政治手腕にも秀で、九条兼実《かねざね》から「その才、神と言うべく尊ぶべし」と賞賛されたほどの人物。文治5年（1189）に没した頼業公を葬った廟《びょう》が、車折神社の前身です。後に、後嵯峨天皇が嵐山に遊幸した折、社前で牛車の轅《ながえ》が折れました。御神威を恐れた後嵯峨天皇から「正一位車折大明神」の御神号を授けられたのが、車折神社と呼ばれるようになった由来です。御朱印に牛車の車輪の印が押されるのも、これにちなんでいます。参道から本殿の前に足を運ぶと、う

御朱印 Check!

右上の車輪の印の部分は、冬至から立春の期間は一陽来復、桜の時期は唐花の印が押される。

＊御朱印＊300円

ずたかく積まれた大小の小石の山が目に入ってきます。これは、願い事が叶った御礼に奉納された石。後嵯峨天皇から車折の名を賜った際、門前の石が車折石と名付けられました。それ以来、授与される神石を持ち帰り、祈願すると願いが叶うと信仰を集めてきました。石をモチーフにした円錐形の立て砂がある清めの社は「悪運を浄化するパワースポット」、お祓いをした祈念神石のお守りは「願いを叶えるパワーストーン」として知られ、全国から参拝者が訪れます。願いが叶うとお礼を書いて返納するため、境内にはお礼の石が山積み。信仰の証です。

　車折神社が最も華やかになるのは春。頼業公がこよなく愛した桜が多く植えられていることから、桜の宮と呼び親しまれています。河津桜を皮切りに、しだれ桜や八重桜、染井吉野や匂い桜など15種もの桜のリレーが楽しめます。

清めの社に参拝してから祈念神石を授かり、本殿で祈願するのが正しい手順

祈念神石入り福財布は金運上昇の御利益が期待できる。1000円

見事願いが成就した暁には、祈念神石に自分の身近にある石を添え、御礼の言葉を書いて神社に奉納するのが慣わし

DATA

京都市右京区嵯峨朝日町23
075-861-0039
9:00～17:00
Map P123-C

開運 金運

御金神社《みかねじんじゃ》

二条城

●主祭神……金山毘古神《かなやまひこのかみ》、天照大神《あまてらすおおみかみ》、月読神《つくよみのかみ》

●御利益……金属全般の守護、開運金運、方除け

御朱印 Check!

金属守護、金運の神様らしい、燦然と輝く「金」の文字が目を引く。金色の鳥居の印は旅の記念になりそう。＊御朱印＊300円

イチョウの絵馬

御祭神の金山毘古神は、伊邪那岐《いざなぎ》・伊邪那美《いざなみ》の皇子。金属全般を司る神様で、俗に金神様と呼ばれます。刀剣や鏡、農業機具や工場の大型機械のほか、通貨に用いられる金・銀・銅やさまざまな合金も護る神様であることから、資産運用、金運上昇の神様として崇められるようになりました。

こちらは鳥居は金色、御本殿の鈴緒も金糸で編まれています。鈴なりに掛けられた絵馬は、御神木のイチョウにちなんだものです。御神木にちなんだ金運のお守りも人気で、金運アップを願う参拝客でいつも賑わっています。

DATA

京都市中京区押西洞院町614
075-222-2062
10:00～18:00
Map P125-F

出世

豊国神社《とよくにじんじゃ》

七条

豊臣秀吉公が没後、慶長4年（1599）に、豊国大明神として祀られたのが起こり。豊臣氏滅亡後は、徳川幕府の命で廃社となり、豊国社の社号は廃止。社殿は荒廃しましたが、明治13年（1880）に政府により新たな社殿が造営されました。

参道の階段を上ると、重厚な門が目に飛び込んできます。これは、国宝の唐門。再建時に南禅寺塔頭の金地院から移築されたものですが、元は伏見城の遺構であると伝わっています。扁額《へんがく》の豊國大明神の文字は、後陽成天皇の御宸筆。この扁額の文字を版にした御朱印が、秀吉公の命日である9月18日限定で授与されます。唐門脇には、出世祈願の絵馬が鈴なりに連なります。

●主祭神……前関白太政大臣贈正一位豊臣朝臣秀吉公
●御利益……出世開運、良縁成就

ひょうたん型の絵馬

御朱印 Check!

豊太閤関白印の御朱印。関白の字を挟み壽比南山、福如東海と書かれる。月命日・正月三が日、旧暦正月元日には太閤桐が金色に。＊御朱印＊300円

DATA

京都市東山区茶屋町530
075-561-3802
9:00～17:00
Map P125-F

願いを射貫く

即成院《そくじょういん》

東福寺

恵心僧都《えしんそうず》が正暦3年（992）、伏見に建立した光明院が起源。藤原頼通《よりみち》の子・橘 俊綱《たちばなのとしつな》が寛治元年（1087）に伏見に広大な邸宅を建て、阿弥陀堂として光明院を移設。その後明治時代に現在地に移転しました。

本堂に安置されるのは、高さ5・5mの阿弥陀如来像と、その脇に並ぶ二十五菩薩像。菩薩が奏でる妙なる音楽に包まれる、極楽浄土の世界です。仏様のオーケストラとも呼ばれ、音楽家の奉納演奏も行われます。那須与一《なすのよいち》ゆかりのお寺としても知られる即成院。与一の武勲にあやかって、願いが的中する(叶う)よう祈願しましょう。

●御本尊……阿弥陀如来像、二十五菩薩像
●御利益……極楽往生、大願成就

阿弥陀如来を表す梵字「キリク」の印が押される。右上の扇は那須与一の伝説にちなむ。季節限定や立体の御朱印もある。＊御朱印＊300円

御朱印 Check!

阿弥陀如来像と二十五菩薩像

DATA

京都市東山区泉涌寺山内町28
075-561-3443
9:00～16:00
Map P124-D

勝負運

伏見

藤森神社《ふじのもりじんじゃ》

●主祭神……素戔嗚尊《すさのおのみこと》、神功皇后、舎人《とねり》親王、早良《さわら》親王など12柱
●御利益……勝運、学業成就

創建は神功皇后摂政３年（２０３）と伝わる古社で、神功皇后が新羅から凱旋した後、深草藤森を神の宿る清浄の地として軍旗を立て、兵具を納めて塚を造り、神祀りしたのが起こり。平安遷都の際には、桓武天皇より弓兵政所に定められました。

５月５日に行われる藤森祭は、菖蒲の節句発祥の祭。節句に飾る武者人形には藤森の神が宿るそうです。見どころは武者行列や駈馬《かけうま》。菖蒲は尚武、勝負に通じることから、勝運の神様として信仰を集めるほか、馬の神様としての信仰も厚い神社です。

御朱印 Check!

上り藤に一の御神紋と藤森神社の印が押され、藤森大神と書かれている。期間限定の御朱印もある。
＊御朱印＊300円

DATA

京都市伏見区深草鳥居崎町609
075-641-1045
9:00～17:00
Map P122-A

知恵授け

嵐山

虚空蔵法輪寺《こくうぞうほうりんじ》

●御本尊……虚空蔵菩薩
●御利益……知恵授け、諸芸上達

和銅6年（713）、元明天皇の勅願により行基が創建した葛井寺《かずのいでら》が起源のお寺。このことから、御朱印には元明天皇勅願所の印が押されます。天長6年（829）に空海の弟子・道昌が虚空蔵菩薩を本尊に祀り、名を法輪寺と改めました。

知恵と福徳の仏様、虚空蔵菩薩は、追善供養を司る「十三仏」の最後の仏様。これにちなんで、13日は虚空蔵菩薩の御縁日とされています。特に4月の御縁日をはさむ前後一カ月は、十三まいりの子どもたちで賑わいます。知恵授けのほか、諸芸上達の御利益もいただけるので、自分磨きの習い事などの上達を祈願してみるのもいいですね。

御朱印 Check!

中央には虚空蔵菩薩を示す梵字「タラク」の御宝印が押され、虚空蔵尊と墨書される。右上3行目には左甚五郎真龍感見之地とも。＊御朱印＊300円

DATA

京都市西京区嵐山虚空蔵山町
075-862-0013
9:00～17:00
Map P123-C

学業成就

北野天満宮

西陣

全国に1万2000社あるという天満宮、天神社の総本社。天暦元年(947)、多治比文子《だじひのあやこ》らが神殿を建て、菅原道真公を祀ったのがはじまりです。

道真公は幼少期より学問に励み、優れた和歌や漢詩を詠んで才能を発揮しました。また、政治家としての卓越した手腕で異例の出世を重ねます。このことから、学問の神様として篤く信仰され参拝者で賑わっています。

道真公がこよなく愛したことから、境内には梅が多く植えられ、春先には馥郁《ふくいく》たる香りが漂います。ゆかりの深い牛の像も多数祀られ、中でも一願成就のお牛さまが有名です。

●主祭神……菅原道真公
●御利益……学力向上、入試合格、厄除け、災難除

星欠けの三光門

御朱印 Check!

中央上には御神紋の梅鉢紋が押される。このほか御朱印は多種あり、期間限定の御朱印も。
＊御朱印＊300円

DATA

京都市上京区馬喰町
075-461-0005
9:00～17:00(参拝は4月～9月5:00～18:00、10月～3月5:30～17:30)
Map P123-B

頭痛封じ

七条

蓮華王院《れんげおういん》 三十三間堂《さんじゅうさんげんどう》

頭痛除御守

正式名称は蓮華王院で、三十三間堂は本堂の通称。内陣の柱の間が33あることから、その名が付いたといわれます。創建は長寛2年（1164）。建長元年（1249）に焼失しましたが、文永3年（1266）に再建されました。後白河法皇が頭痛平癒祈願をしたことから頭痛封じの信仰が生まれ、知る人ぞ知る珍しい御利益です。

ほの暗い本堂内には、中尊・千手観音坐像を中心に、等身大の千体千手観音立像が鎮座。中尊は鎌倉期の再建時に、仏師・湛慶《たんけい》とその弟子により作られました。千手観音菩薩とご縁を結び、その証として御朱印をいただきましょう。

● 御本尊……千手観世音菩薩
● 御利益……頭痛封じ、諸病平癒

御朱印 Check!

中央の文字は大悲殿、左には正式名称の蓮華王院と書かれる。中央の印は、本坊・妙法院の寺紋。
＊御朱印＊300円

DATA

京都市東山区三十三間堂廻町657
075-561-0467
8:00～17:00、11月16日～3月9:00～16:00
拝観600円
Map P125-F

写真提供：妙法院

足腰守護

護《ご》王《おう》神《じん》社《じゃ》

京都御所

主祭神……和気清麻呂《わけのきよまろ》公命、和気広虫《わけのひろむし》姫命

御利益……足腰守護

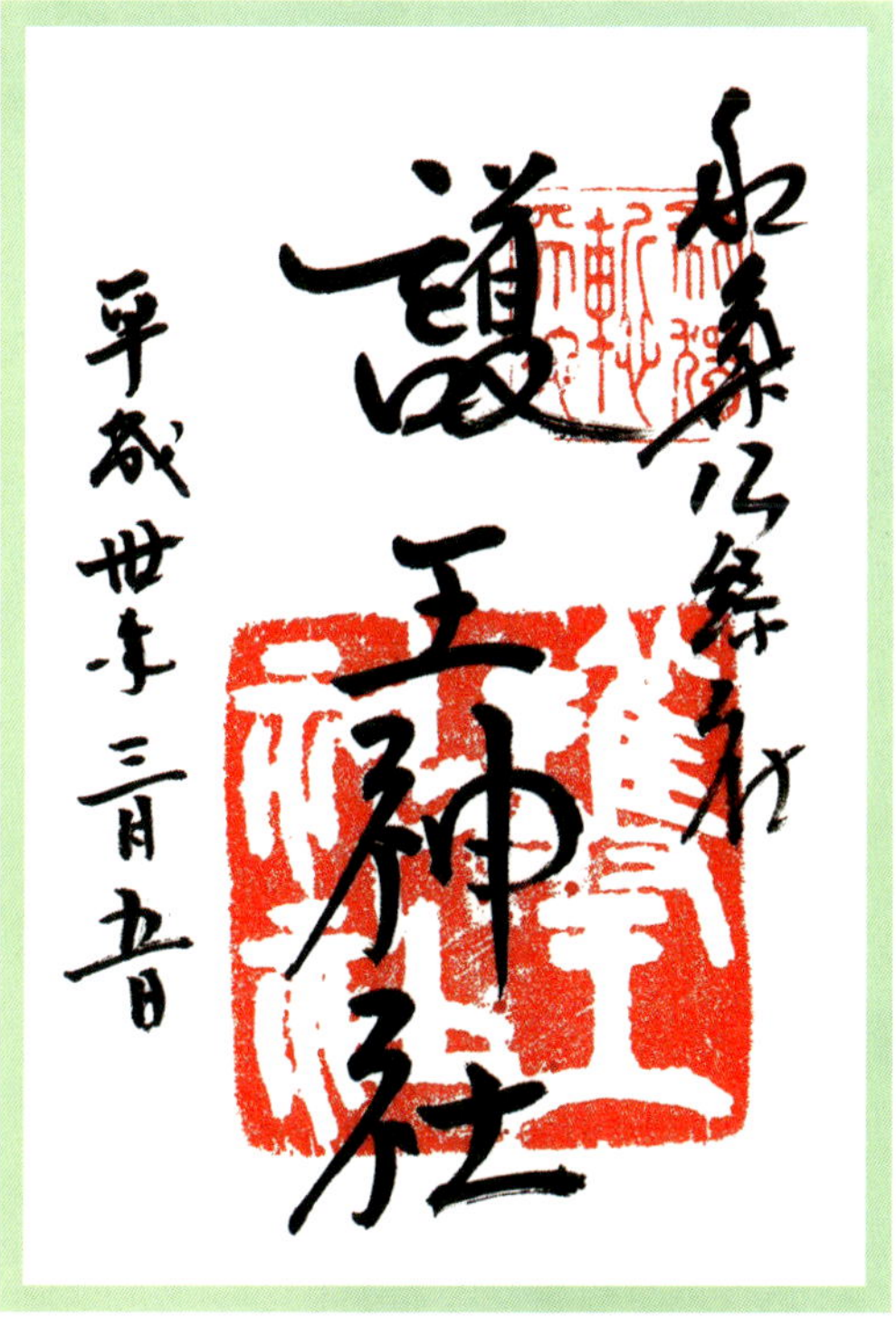

御朱印 Check! 右上の「我獨慙天地(われひとりてんちにはづ)」の印は、何があっても天地に恥じないように生きるという意味の言葉。 ＊御朱印＊500円

足の御守・腰の御守
各700円

神護寺の境内に祀られたのがはじまりで、古くから「護法善神」と称していたそうです。明治7年（1874）、勅命により現在地に遷座しました。

都から九州へ向かう道中を300頭もの猪が護り、清麻呂公の弱った足腰が治ったとの伝説から、足腰守護の信仰が生まれました。これにちなみ、境内には猪の像が祀られます。姉の広虫姫は、戦乱で親を亡くした83人もの孤児を育て、子育明神と崇められています。御朱印の右上に押される清麻呂公の言葉「我獨慙天地」は、清廉な人柄がよく伝わります。

DATA

京都市上京区烏丸通下長者町下ル桜鶴円町385
075-441-5458
9:00～17:00
Map P123-B

がん封じ

五条

因《いな》幡《ば》堂《どう》平《びょう》等《どう》寺《じ》

◉御本尊……薬師如来
◉御利益……がん封じ、子授け、縁結び

平安期の中納言・橘《たちばなの》行平《ゆきひら》が因幡国で急な病に倒れたとき、お告げに従い海底を探ったところ、薬師如来の尊像を発見。草堂を建て安置したところ、たちまち病気が平癒しました。その後、帰京した行平の屋敷に薬師如来が訪れたため、屋敷にお堂を建てて安置し、因幡堂と名付けたのが平等寺の起こりです。

善光寺の阿弥陀如来、清凉寺の釈迦如来と併せて、日本三如来の一つに数えられる、因幡堂の薬師如来。古くから病気平癒、特にがん封じの仏様として崇められています。快癒を祈ってお守りや御朱印を求める患者やその家族の参拝が絶えません。

御朱印 Check!

右上には、日本三如来因幡薬師と書かれた薬壺の印。中央は薬師如来を表す梵字「バイ」の御宝印が押される。＊御朱印＊300円

がん封じお守り
500円

無病息災お守り
500円

DATA

京都市下京区因幡堂町728
075-351-7724
9:00～16:00（参拝は6:00～17:00）
Map P125-F

苦しみ除去

釘《くぎ》抜《ぬき》地《じ》蔵《ぞう》石《しゃく》像《ぞう》寺《じ》

西陣

開創は弘仁10年（819）。弘法大師が人々を苦しみから救おうと彫った、地蔵菩薩の石像を祀る古刹です。当初は種々の苦しみを抜き去るお地蔵様ということから、「苦抜き地蔵」と呼ばれていましたが、後に「釘抜地蔵」と呼ばれるようになりました。苦しみが去った御礼に釘と釘抜を奉納する習わしがあります。

釘抜地蔵尊の御朱印は、お百度を踏んでからいただくのが作法。お地蔵様にお線香とろうそくをお供えし、数え年の数だけお堂の周りを回ります。一心にお百度を踏めば、心が穏やかになってくるのが不思議です。

●御本尊……地蔵菩薩
●御利益……抜苦与楽

御朱印Check!

右上には「抜苦与楽」の文字。中央に地蔵菩薩を意味する梵字「カ」が押される。左下の印は釘抜の形。

＊御朱印＊300円

奉納された釘と釘抜

DATA

京都市上京区千本通上立売上ル花車町503
075-414-2233
8:00～16:30
Map P123-B

御利益、功徳をいただく巡礼へ

御利益を授かるなら巡礼もおすすめ。通年のものから
期間限定のものまで、自分にぴったりの御朱印をいただきましょう。

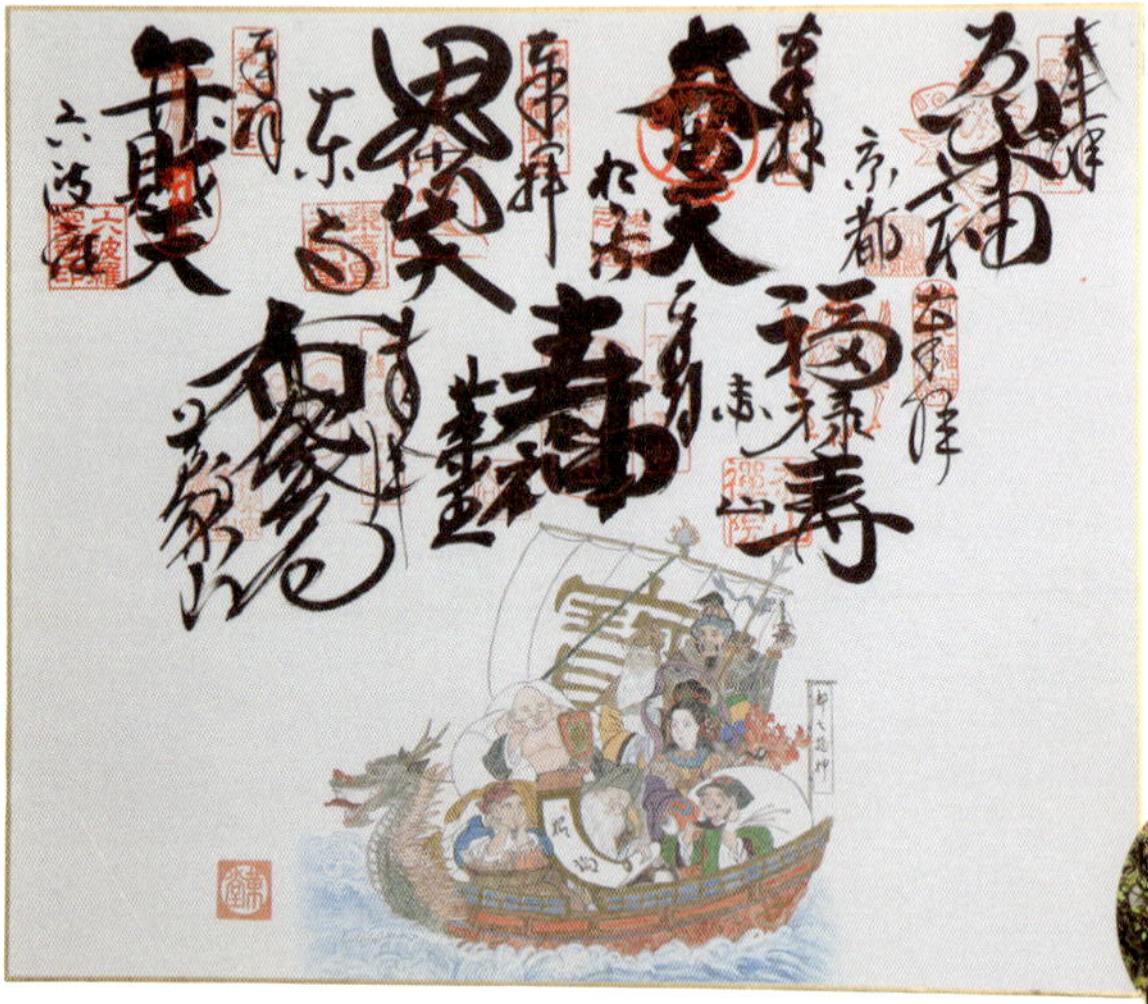

日本最古の七福神めぐり

都七福神めぐり

室町時代に始まり、日本最古と伝わる都七福神めぐり。現在も飲食店などで色紙が飾られているのを目にします。新春の巡拝が良いとされますが、都七福神のご縁日である毎月7日もおすすめです。専用の大護符（色紙）に御訪印をいただきましょう。

- 京都《きょうと》ゑびす神社《えびすじんじゃ》▶P89
- 東寺《とうじ》　Map P125-F　京都市南区九条町1
- 松ヶ崎大黒天《まつがさきだいこくてん》　Map P124-E
  京都市左京区松ヶ崎東町31
- 六波羅蜜寺《ろくはらみつじ》　Map P125-F
  京都市東山区五条通大和大路上ル東入ル
- 赤山禅院《せきざんぜんいん》▶P59
- 萬福寺《まんぷくじ》▶P80
- 革堂行願寺《こうどうぎょうがんじ》　Map P125-F
  京都市中京区行願寺門前町17

繁華街でめぐれる楽しみ

新京極御朱印めぐり

新京極通は、飲食店や土産物店などが立ち並ぶ河原町にほど近い繁華街。三条通から四条通の間に一社七寺があり、巡礼をして御朱印がいただけます。

かわいらしい専用御朱印帳を授与しており、八社寺の御利益をイラストにしたシールを貼って、カスタマイズできます。

- 誓願寺《せいがんじ》 ▶P52
- 誠心院《せいしんいん》　Map P125-F
  京都市中京区中筋町487
- 西光寺《さいこうじ》寅薬師《とらやくし》　Map P125-F
  京都市中京区中筋町495-1
- 蛸薬師堂《たこやくしどう》 永福寺《えいふくじ》　Map P125-F
  京都市中京区東側町503
- 安養寺《あんようじ》（倒蓮華寺《さかれんげじ》）　Map P125-F
  京都市中京区東側町511
- 善長寺《ぜんちょうじ》　Map P125-F
  京都市中京区東側町518
- 錦《にしき》 天満宮《てんまんぐう》　Map P125-F
  京都市中京区中之町537
- 染殿地蔵院《そめどのじぞういん》 ▶P47

北に玄武、東に蒼龍
西に白虎、南に朱雀

京都五社めぐり

京の四方（北の上賀茂神社・東の八坂神社・西の松尾大社・南の城南宮）と中央（平安神宮）を守護する五つの社で御朱印をいただき、千年の歴史を堪能しましょう。満願の印に記念品のしおりが授与されます。

- 平安神宮《へいあんじんぐう》 Map P124-D
  京都市左京区岡崎西天王町97
- 八坂神社《やさかじんしゃ》 Map P124-D
  京都市東山区祇園町北側625
- 松尾大社《まつのおたいしゃ》 ▶ P30
- 城南宮《じょうなんぐう》 Map P122-A
  京都市伏見区中島鳥羽離宮町7
- 上賀茂神社《かみがもじんしゃ》 ▶ P22

満願記念品のしおりは、五社の御神紋と干支の図柄入

西国三十三所巡礼

草創1300年を迎えた、三十三の観音霊場をまわり御朱印を授かる西国三十三所巡礼。三十三の数字は観音菩薩が三十三の姿に身を変えて人々の心の悩みや苦しみを救うという法華経に説かれた教えに基づいています。

京都の札所

三室戸寺、上醍醐准胝堂、今熊野観音寺、清水寺、六波羅蜜寺、六角堂頂法寺、革堂行願寺　ほか

京都十二薬師霊場

平安時代より盛んだった京都の薬師如来参りは、無病息災、当病平癒などを願って行われていました。江戸時代には現在の十二箇寺になっています。

京都十二薬師寺院

因幡堂平等寺、壬生寺、福勝寺、蛸薬師堂 永福寺　ほか

まだある巡礼リスト

洛陽三十三所観音巡礼

西国三十三所巡礼に代わる身近な巡礼として誕生した洛陽三十三所観音巡礼。衰退と中興を繰り返し、平成になって再興しました。

洛陽三十三所寺院

金戒光明寺、清水寺、蓮華王院三十三間堂、清和院　ほか

京洛八社 集印めぐり

京都市内の南北を走るメインストリート烏丸通と堀川通に近い八社をめぐります。カラフルな印を専用の色紙で集めます。

京洛八社

下御霊神社、菅原院天満宮神社、護王神社　ほか

洛陽十二支妙見めぐり

御所を中心に十二支の方角に祀られている、開運厄除けの妙見菩薩をめぐります。表装が不要な御軸でいただくのも人気です。

洛陽十二支寺院

善行院、満願寺、法華寺、常寂光寺、三寶寺　ほか

column 02

ステキなお守り

御利益、御加護を授かれる、
ステキなお守りは
肌身離さず持ちましょう。

願いが的へ守

願いごとが的を射るよう、那須与一にちなんだ心願成就のお守り。扇が描かれたデザインで6色あります。

授与料＊1000円

即成院▶P64

御櫛守

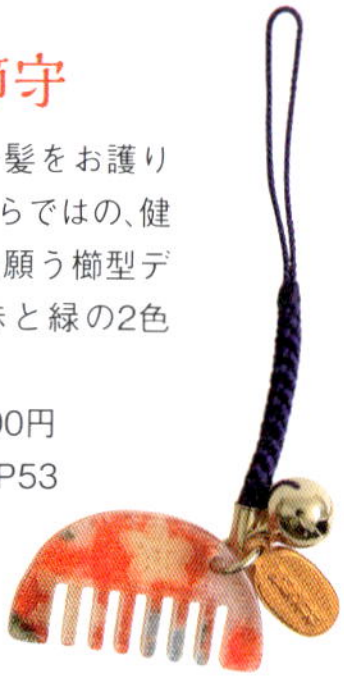

日本で唯一髪をお護りする神社ならではの、健やかな髪を願う櫛型デザイン。赤と緑の2色あります。

初穂料＊700円

御髪神社▶P53

祈念神石(おまもり型)

パワーストーン入りのお守り。両手に挟んで参拝したら持ち帰り、願いが叶えばお礼の石を返納します。

初穂料＊700円

車折神社▶P60

厄除守

陰陽道の祖・安倍晴明の厄除の御利益がいただけます。魔を退ける力を持つと伝わる桃が描かれています。

初穂料＊600円　晴明神社▶P56

太閤出世ぞうり

信長のぞうりを温め、天下人まで上り詰めた秀吉公にちなんだ出世開運のお守り。金色で重量感もあります。

初穂料＊800円

豊国神社▶P63

3章

〝好き〟を見つける御朱印セレクション

モチーフだったり、武将だったり、あなたの〝好き〟をきっかけにするユニークな御朱印を集めました。

西陣

方位を表す八角形「八卦《はっけ》」

大将軍八神社《だいしょうぐんはちじんじゃ》

御朱印 Check!

右上には十六葉菊八重紋。星神の文字は書き手によっては無い場合もあるので希望する場合は申し出て。＊御朱印＊300円

平安京が造営された延暦13年（794）、大内裏の北西角にあたるこの地に桓武天皇の勅願によって建てられたのがはじまりです。奈良の春日山より大将軍神を勧請し、国家の守護、国民の繁栄が祈念されました。

この地が選ばれたのは中国の陰《おん》陽《みょう》道《どう》に基づいています。陰陽道・道教の信仰により大内裏の東西南北に大将軍神社が置かれ、西に位置したのが大将軍八神社。大将軍神《だいしょうぐんしん》は方位を司る星神であることから、この神が鎮座する方角を犯すと天罰が下ると古くから恐れられてきました。のちに大将軍神の御子八神（五男三女神）と暦の八神、聖武天皇、桓武天皇が習合され、方除け、厄除け、暦の神として広く信仰さ

十二支それぞれの東洋の守護星が描かれた十二支星守500円

拝殿前のモニュメントには八卦の乾・兌・坤・離・巽・震・艮・坎の八文字がある

DATA

京都市上京区一条通御前西入西町48
075-461-0694
9:00～17:00
方徳殿拝観500円（5月・11月のみ開館）
Map P123-B

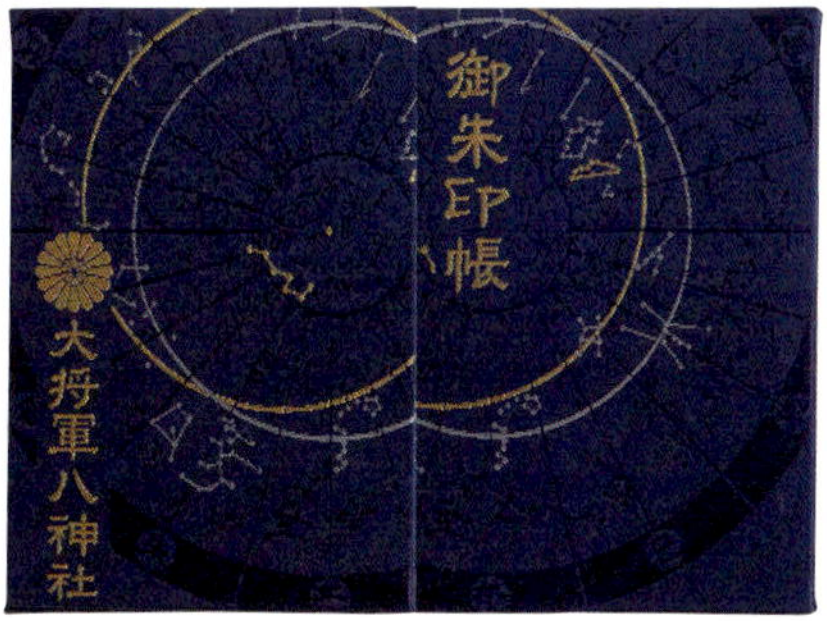

御朱印帳
1300円

れています。境内奥の方徳殿には80体の大将軍神像が並び、まるで立体曼荼羅のよう。事前予約で開館時期以外も拝観できます（正月、祭典日は除く）。

御朱印は、古代中国から伝わる易《えき》「八卦」のなかに大将軍八神社の文字があります。八卦は方角を表しているので、方位を司る大将軍神を祀るここならでは。八卦の八角形は風水でも見られるもので、風水八角守も授与しています。

特筆すべきは御朱印帳です。夜空のブルーを基調に描かれているのは東洋（中国）の星座たち。古天文暦資料をもとに図案化され、天大将軍の星が金色に輝いています。金の輪は太陽の、銀の輪は月の通り道が示されているのもロマンチック。東洋星座が配置された天球儀も方徳殿に残っています。

◉主祭神……大将軍神（素戔嗚尊《すさのおのみこと》）
◉御利益……方除け、厄除け

木魚の原型といわれる「魚梆《ぎょほう》」の印

萬福寺《まんぷくじ》

宇治

寛文元年（1661）、中国・明時代の臨済宗の僧、隠元禅師が開創した黄檗宗《おうばくしゅう》の大本山。壮大な伽藍建築、音楽を奏でるような「梵唄《ぼんばい》」とよばれる読経、普茶料理など、明朝様式の文化が受け継がれています。

御朱印の「魚梆」は、木魚の原形といわれ、僧が叩いて鳴らし、食事や法要の時間を知らせます。口の中の玉は魚が吐き出す、あぶく。あぶくのように、自ずとわき出す人間の煩悩や欲になぞらえ、執着せず吐き出して手放す、禅の教えを表します。現在も使用され、タイミングが合えば僧が鳴らす場面に出会えます。

◉御本尊……釈迦如来坐像

魚梆は回廊に吊るされる。天王殿の布袋尊も福を招くと人気。都七福神めぐりの一つで御朱印も授与

布袋おみくじ 500円

DATA

宇治市五ケ庄三番割34
0774-32-3900
9:00～16:30
拝観500円
Map P122-A

御朱印 Check!

魚梆は開梆《かいばん》ともいう。魚は寝る時も目を閉じないため、不眠不休で修行に励む僧の象徴に。御朱印は「大雄寶殿」「萬徳尊」など5種類。＊御朱印＊300円

京都の真ん中「へそ石」の印

六角堂頂法寺《ろっかくどうちょうほうじ》

烏丸御池

◉御本尊……如意輪観音菩薩
◉御利益……縁結び

御朱印 Check!

5種類ある御朱印の中で、へそ石の印が押されるのはこの御朱印のみ。石の上には鳩の姿、下には王城ノ中心の文字も。＊御朱印＊300円

西国十八番札所としての御朱印は六角形のお堂の中に如意輪観音を表す梵字「キリク」が鎮座

六角堂は聖徳太子創建と伝わり、聖徳太子御遺跡霊場第二十五番札所。本堂が六角形なことから六角堂と呼ばれ、いけばな発祥地としても有名です。

墨書の太子《たいし》守《まもり》本尊は、聖徳太子の念持仏である如意輪観音《にょいりんかんのん》菩薩《ぼさつ》で秘仏。桓武天皇が係わったと伝わる都の中心地を表すへそ石にちなんだ印が入ります。

西国三十三所草創1300年記念の一貫で、2018年秋には本堂内陣と御本尊以外の秘仏が公開されます。

へそ石

DATA

京都市中京区六角通東洞院西入ル堂之前町248
075-221-2686
8:00～17:00
Map P125-F

一風変わったプロペラの社紋

飛行神社《ひこうじんじゃ》

八幡

飛行神社の起こりは大正4年（1915）。日本で初めて動力飛行機を飛ばした二宮忠八《ちゅうはち》公が航空殉難者並びに先覚者を祀るために自邸に創建した神社で、大阪交野《かたの》市にある磐船神社から分霊された饒速日命《にぎはやひのみこと》を祀っています。洋風の神社建築は珍しく、これは「空は一つ」でつながっており各国の人に参拝してほしいとの思いがこもっています。

こちらには飛行機にまつわるものが点在。忠八公が玉虫型飛行器を作る際に着想を得たのが飛魚《とびうお》と玉虫だったことから、拝殿のステンドグラスに美しく描かれているのも印象的です。社務所横の資料館と共にお見逃しなく。

◉主祭神……饒速日命
◉御利益……航空安全、飛行安全

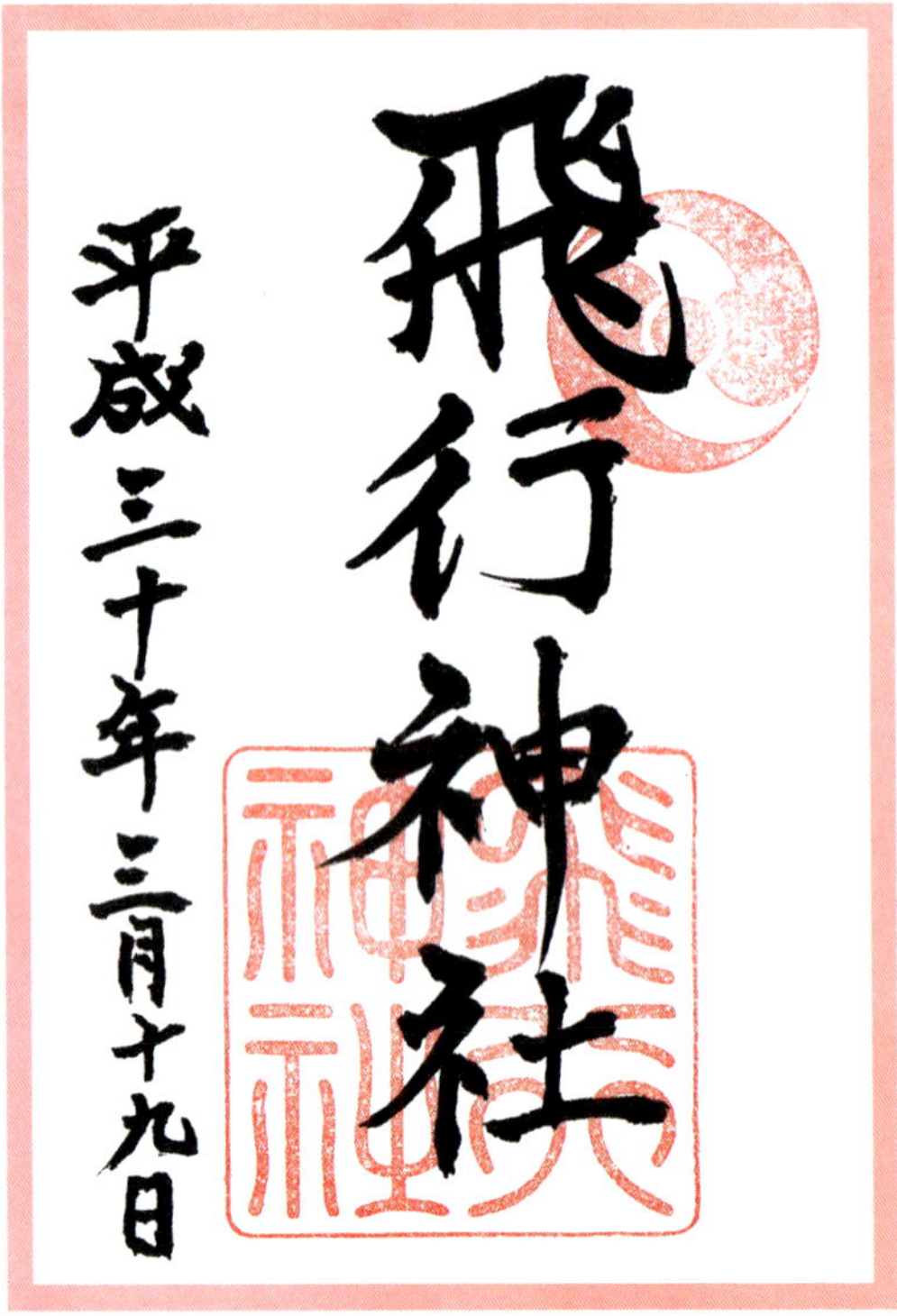

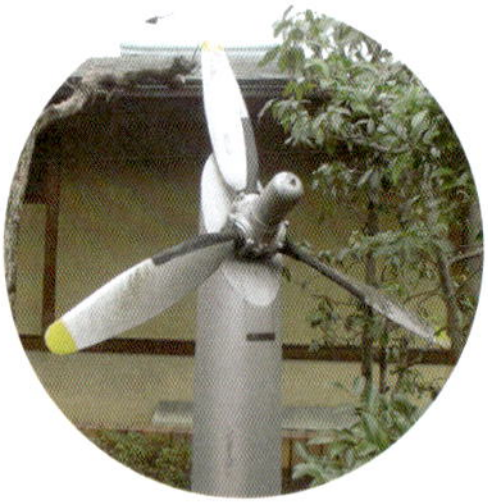

プロペラや零式戦闘機のエンジンなども展示

DATA

八幡市八幡土井44
075-982-2329
9:00～16:30
資料館300円
Map P122-A

御朱印 Check!

古い写真の門幕に描かれていたプロペラにちなんだ社紋。飛行機ファンに人気がある。
＊御朱印＊300円

音楽の神様を象徴する
琵琶の御朱印

白雲神社《しらくもじんじゃ》

京都御所

◉主祭神……市杵島姫命
◉御利益……技芸上達、財運

御所を囲む京都御苑は、四季折々の自然を満喫できる市民の憩いの場

御朱印Check!
中央には白雲神社の社号が隠れる琵琶の印。琵琶は弁財天のシンボルとしても知られている。
＊御朱印＊300円

緑あふれる京都御苑内にある白雲神社。明治2年（1869）に西園寺公《きん》望《もち》が私塾「立命館」を開いたことでも知られるこの地は、琵琶の演奏を家職としていた西園寺家の鎮守社で、西園寺公経《きんつね》が現在の金閣寺の地に建立した妙音堂《みょうおんどう》に由来するといわれています。御祭神の市杵島姫命《いちきしまひめのみこと》は、妙音弁財天《みょうおんべんざいてん》とも称される音楽の神様。連日、楽器上達を願う多くの人が訪れます。

本殿奥には、御所のへそ石と呼ばれる薬師石《やくしいし》が。石をなでて患部をさするとけがや病気が治ると伝わり、石の凹凸が雨に濡れると人の顔に見えます。

DATA

京都市上京区京都御所御苑内
075-211-1857
6:00～18:00
Map P123-B

大豊神社《おおとよじんじゃ》

風雅な平安時代を思わせる檜扇《ひおうぎ》

銀閣寺

◉主祭神……少彦名命、応神天皇、菅原道真公
◉御利益……病気平癒

御朱印 Check!
社紋の檜扇の印は勅願社であったことを感じさせる雅やかなデザイン。まわりには唐草が。
＊御朱印＊400円

美しい桜ともみじに誘われて、多くの人が訪れる哲学の道に鎮座する大豊神社。緩やかな傾斜になった石畳の参道を進むと山が近づき、東山三十六峰の一つである椿ヶ峰を御神体とした山霊崇拝の社が起こりであったことを感じます。仁和3年（887）に宇多天皇の病気平癒祈願のため、少彦名命《すくなひこなのみこと》を椿ヶ峰に祀り創建されました。

ねずみの社として知られているのは、末社の大国社に狛犬ならぬ狛ねずみのお姿があるからです。椿ヶ峰の名のとおり境内には約110本の色鮮やかな椿が群生。落ちてしまった美しい椿を狛ねずみのまわりに供える参詣者が多く、春のはじめは華やかなお姿が見られます。

DATA

京都市左京区鹿ヶ谷宮ノ前町官有地
075-771-1351
9:00〜17:00
Map P124-D

ねずみみくじ500円

若冲の髑髏《どくろ》図と竹に雄鶏《ゆうけい》図

宝蔵寺《ほうぞうじ》

河原町

御本尊……阿弥陀如来

伊藤若冲は、江戸中期に活躍した絵師。生家が錦市場の青物問屋だったことは有名ですが、宝蔵寺は初代からの伊藤家の菩提寺です。毎年2月8日と前後数日間行われる「寺宝展」と「若冲生誕会《せいたんかい》」には、錦市場から野菜が供えられます。この時に「髑髏図」や「竹に雄鶏図」など寺宝が公開され、平素はこれにちなんだ御朱印をいただけます。

寺院としては文永6年（1269）に千本釈迦堂の二世・如輪上人が元西壬生郷に開基、のちに現在の地に移転しました。本堂は通常非公開ですので内陣を拝見できません。伊藤家の墓碑に静かに手を合わせましょう。

髑髏の御朱印は季節ごとに限定色が。この御朱印は2018年初公開若冲弟白歳《はくさい》筆「南瓜雄鶏図《なんきんゆうけいず》」にちなんだ南瓜色。300円

御朱印Check!

御朱印帳をいただくと授与される「竹に雄鶏図」の御朱印。若冲の文字がブルーメタリック。

＊御朱印帳＊2200円

DATA

京都市中京区裏寺町通蛸薬師上ル裏寺町587

075-221-2076

10:00～16:00

※月曜日（祝日の場合は翌火曜）は御朱印受付なし

Map P125-F

神の使い・シンボル

御朱印に描かれる動物は御祭神に縁が深いものばかりです。

八幡

八幡様の「八」に神鳩が隠れている

石《いわ》清《し》水《みず》八《はち》幡《まん》宮《ぐう》

御朱印 Check!

お願いすれば墨書の八幡大神の「八」の文字に鳩を書いていただけることも。八幡様は男山に鎮座しておられるので洛南男山と書かれる。＊御朱印＊300円

極彩色の透かし彫りの植物が目を引く楼門。西門には目貫きの猿の姿も

鳩みくじ500円

平安京の裏鬼門（南西）に当たる男《おとこ》山《やま》に鎮座する石清水八幡宮。国宝の御本殿中央に応神天皇を、東には母である神功皇后、西には比咩《ひめ》大神《おおかみ》の八幡三所大神（八幡大神）を祀ります。宇佐八幡宮で祈祷をしていた大安寺の僧・行教に、「男山の峯に移座して国家を鎮護せん」と八幡大神よりお告げがあり、この地に勧請されたのが貞観2年（860）。以来伊勢神宮に次ぐ国家第二の宗廟として、朝廷、武家からの信仰を集めてきました。江戸時代には八《や》幡疫神詣《わたえきじんもうで》が盛んに行われ、現在も厄除けの神様として知られています。

男山は木津川、宇治川、桂川の三つの川が合流し淀川となる地であり、数々の戦の拠点にもなってきたところです。一ノ鳥居から歩いて登ると約40分、ケーブルなら約2分で男山ケーブル山上駅に到着。参道を進むと南総門が、奥には現存する最古にして最大規模の八幡造の御本社がお目見えします。

平成28年に国宝指定された荘厳な社殿は、彫刻など至るところに神鳩が見られます。神鳩が阿吽の鳩になっているのは、鳩が「はちまんさん」のお使いだから。御朱印に書かれる墨書・八幡大神の「八」が双鳩になっているのも、一ノ鳥居の扁額の鳩に由来しています。ケーブルで上がると一ノ鳥居を通りませんが、ぜひ足を運び一礼し、扁額を見てから参拝してください。

◉主祭神……応神天皇、神功皇后、比咩大神
◉御利益……厄除開運、国家鎮護、必勝・安産

DATA

八幡市八幡高坊30
075-981-3001
8:00～18:00（開門は6:00、時期により変動あり）
Map P122-A

熊野ゆかりのカラス文字

新《いま》熊《くま》野《の》神《じん》社《じゃ》

東福寺

◉主祭神……熊野《くまの》牟須美《むすびの》大神《おおかみ》
◉御利益……健康長寿、病魔退散、縁結び

永暦元年（1160）、後白河法皇の住まいであった法住寺殿の鎮守社として造られたのが起こりです。熱心な熊野信仰者であった法皇は、遠く険しい熊野詣が大変だったため熊野の神々を勧請し、都の新しい熊野社とされました。

御朱印には熊野とゆかりのあるカラス文字。新熊野神社独自のもので、御神鳥の八《や》咫《た》烏《がらす》が栗の形のような宝珠を運んでくれます。境内の大樟《おおくす》は法皇手植えの樟と伝わる御神木で、樟脳《しょうのう》として使われたと伝わります。

御朱印 Check!

神仏習合前の新熊野社のカラス文字も授与。観阿弥が足利義満に申楽（能楽）を披露したことから、能面の印も。ほかに、樟の木の御朱印もある。

＊御朱印＊300円

木造の八咫烏

健康長寿お守り
600円

DATA

京都市東山区今熊野椥ノ森町42
075-561-4892
9:00〜17:00
Map P125-F

ゑびす様が抱える縁起物の鯛

京都《きょうと》ゑびす《えびす》神社《じんじゃ》

祇園

「商売繁盛で、笹もってこい」。1月9日から11日まで夜通し開門し、福笹を求めて大勢が参拝する京都ゑびす神社。商売繁盛の守り神、ゑびす大神(八代言代主大神《やえことしろぬしのおおかみ》)をお祀りします。お隣の臨済宗大本山建仁寺の開祖、栄《よう(えい)》西《さい》禅師が建仁2年(1202)に鎮守社として建立し、神仏分離によって分けられるまで建仁寺と一体でした。

参拝はまず本殿正面、次に左に回り横の戸を軽く叩いてお参りします。ゑびす様は高齢で耳が不自由、肩を叩くように注意を引きお願いごとを聞いていただくそう。ユニークな参拝法ですね。

◉主祭神……八代言代主大神、大国主大神《おおくにのぬしのおおかみ》、少彦名神《すくなひこなのかみ》
◉御利益……商売繁盛

DATA

京都市東山区大和大路通四条下ル小松町125
075-525-0005
9:00～16:30
Map P125-F

御朱印Check! 右手に釣り竿、左手に鯛を抱えるゑびす様にちなんだ鯛の印。「都七福神めぐり」の一神として授与しているもの。＊御朱印＊300円

見ざる、聞かざる、言わざる

八坂《やさか》庚申堂《こうしんどう》

東山

庚申とは60日に1回巡ってくる庚申《かのえさる》の日のこと。この日、寝ている間に体内を抜け出し天に昇り悪行を告げ口する3匹の虫の動きを封じるため、徹夜する「庚申待ち」が行われていました。青面金剛様はこの虫を食べてくださることから現在も庚申日に御前立を開放し、コンニャク封じ祈祷を行います。

御本尊前には、お使いの、見ざる、聞かざる、言わざるの三猿の姿も。欲望のまま動いてしまう猿にちなみ、欲望をくくりつけて心をコントロールする「くくり猿」など、庚申信仰が盛んな寺院です。

◉御本尊……青面金剛
◉御利益……諸病平癒、所願成就

開運招福の三猿500円

御朱印 Check!

右上には日本三庚申の一つを表す洛東八坂日本三庚申の印。愛らしい三猿の姿、山号の大黒山にちなんだ打出の小槌の印も秀逸。＊御朱印＊300円

DATA

京都市東山区金園町390
075-541-2565
9:00～17:00
Map P124-D

和気清麻呂を助けた猪

愛宕神社《あたごじんじゃ》

愛宕山

大宝年間(701～704)のころ、修験道《しゅげんどう》の祖とされる役行者《えんのぎょうじゃ》と白山《はくさん》の開祖、泰澄《たいちょう》が愛宕山に神廟を建立しました。のちに和気清麻呂《わけのきよまろ》がこの地に愛宕大権現を祀る白雲寺を建て、神仏分離を経て愛宕神社となり今に至ります。麓の清滝から約4㎞の参道を進んだ愛宕山上に鎮座し、霊験あらたか。修験道の道場だったことを物語ります。

京都の台所や飲食店の厨房でおなじみのお札「火酒要慎《ひのようじん》」。火、すなわち慎みを要するとの意味を持つお札で、愛宕神社の代名詞です。千日分の火伏せ・防火の御利益があるという千日通夜祭には毎年数万人が参拝します。

◉主祭神……伊弉冉尊《いざなみのみこと》
◉御利益……防火、火伏せ

猪にまたがる太郎坊天狗の御朱印帳1500円

DATA

京都市右京区嵯峨愛宕町1
075-861-0658
9:00～16:00
Map P122-A

御朱印 Check!

京都市最高峰の愛宕山に鎮座することから登拝。鳥居にも浮彫が見られる猪を押印。7月31日～8月1日は千日通夜祭の御朱印を授与。＊御朱印＊300円

変わりダネ御朱印

ちょっと特別な御朱印は、いただいたときのうれしさも格別です。

大福寺《だいふくじ》

市役所前

「大福帳」が生まれた縁起のよいお寺

天台宗の寺院で、正式名称は瑠璃光《るりこう》山利生院大福寺《ざんりしょういんだいふくじ》。縁起のよい寺号にちなみ、正月には商人たちが商売繁盛を祈願して、各家の出納帳に大福寺の御宝印を授かりました。その習わしが、商家の帳簿である「大福帳《だいふくちょう》」の名の由来になっています。

◉御本尊……菩提薬師如来《ぼだいやくしにょらい》
◉御利益……当病平癒

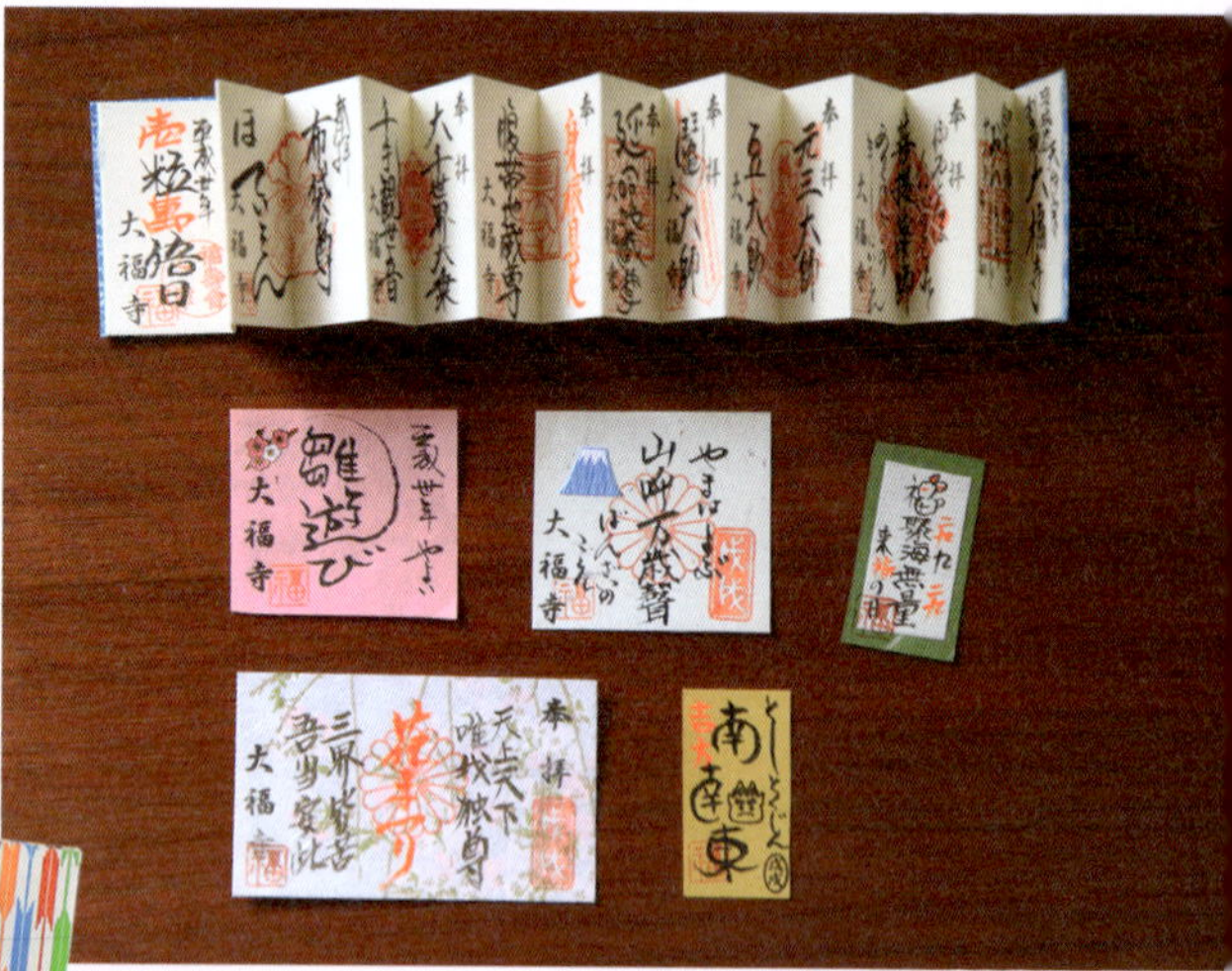

切符サイズの豆帖300円に同じ大きさの豆朱印や、季節が綴られたカラフルな色紙を貼っていくと、自分だけのかわいいお守りになる。御朱印が16面に授与された豆帖は3500円

たて5cm、よこ3cmの
ミニサイズ

正月限定の大福帳の見開き二面の御朱印1000円。左下は宝袋の印。デザインは毎年異なる

DATA

⌂京都市中京区麩屋町通二条上ル布袋屋町498
☎075-231-3624
◷9:00～16:00（原則土日祝縁日のみ授与）
Map P125-F

かわいい絵とともに法語を説く「法語印」

佛光寺《ぶっこうじ》

烏丸

真宗佛光寺派の本山。通常、真宗は御朱印を授与していませんが、佛光寺では『浄土三部経《じょうどさんぶきょう》』の一節や親鸞聖人《しんらんしょうにん》の言葉を記した「法語印《ほうごいん》」をいただけます。法語の持つ味わいをより感じてほしいと、法語印にはそれぞれの法語を説いたしおりが添えられます。

◉御本尊……阿弥陀如来

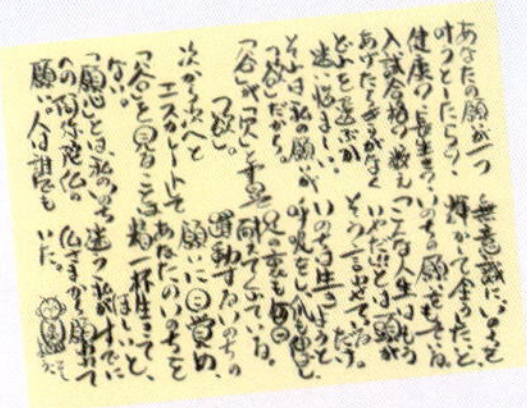

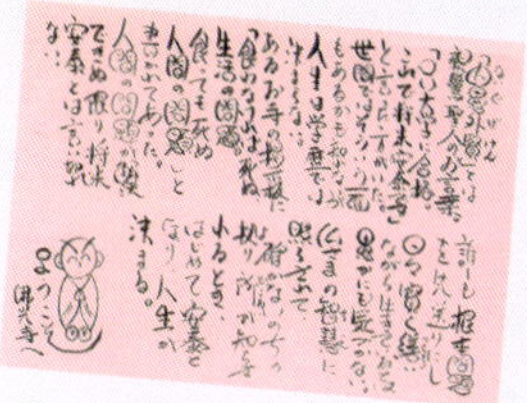

季節にちなんだイラスト入り

絵入り法語印各500円。法語は3カ月ごとに新しいものに変わり、季節ごとの絵がていねいに描かれる。しおりの左下の絵は親鸞聖人

DATA
- 京都市下京区新開町397
- 075-341-3321
- 平日9:00～15:30
- Map P125-F

カラフルな印が季節の風を運ぶ

勝林寺《しょうりんじ》

東福寺

東福寺塔頭寺院の一つで、鬼門にあたる北方に位置することから「東福寺の毘沙門《びしゃもん》天《てん》」とよばれています。境内にある吉祥紅葉は、その美しさから吉祥天が宿るとされ、訪れる女性に良縁や美縁の御利益をもたらしてくれると伝わります。

◉御本尊……毘沙門天

季節ごとの御朱印各800円。住職が選んだ禅語が色とりどりの印とともに書かれる

限定色が登場することも

毘沙門天の御朱印帳1600円

DATA
- 京都市東山区本町15-795
- 075-561-4311
- 10:00～16:00
- Map P125-F

伝説・伝承

御朱印から
その地に伝わる
物語をひもとくことが
できます。

厄除けの力をもつ「鬼」の姿

盧山寺《ろざんじ》

京都御所

◉御本尊……元三大師、弥陀三尊《みださんぞん》

2月1日の節分会《せつぶんえ》

盧山寺は天台圓浄《てんだいえんじょう》宗の大本山。正しくは盧山天台講寺《ろざんてんだいこうじ》といい、天慶年間（９３８～９４７）、比叡山中興の祖といわれる元三大師《がんざんだいし》良源《りょうげん》（慈恵《じえ》大師）が船岡山南麓に開いた與願金剛院《よがんこんごういん》にはじまります。応仁の乱の兵火や、度重なる火災により焼失するも、天正年間（１５７３～１５９２）に現在地へ移りました。元亀２年（１５７１）の比叡山焼き打ちの際には、正親町《おおぎまち》天皇が信長に仕える明智光秀を介して焼き打ちを逃れさせた縁から、光秀から奉納されたという地蔵菩薩が安置されています。

御本尊の元三大師良源は、鬼の姿になって疫病神を追い払ったという伝説から「角大師《つのだいし》」とも呼ばれました。現在でも厄除けの信仰が厚く、この「角大師」の護符《ごふ》を家の中に貼っておくと、

紫式部邸宅址の御朱印。桔梗の開花時期には左上に花の印が押される

紫の桔梗が彩る源氏の庭。桔梗の花は、7月ごろに見ごろを迎える

御朱印 Check!

中央の印は「角大師」となった元三大師のお姿。数々の説話が残る元三大師は、おみくじの開祖ともいわれる。＊御朱印＊300円

疫病神の災厄から逃れることができるといわれています。全国で広く信仰される元三大師は、寺院によって御朱印や護符に描かれるお姿に少しずつ違いがあります。

廬山寺は紫式部の邸宅址《あと》としても有名です。紫式部はこの邸宅で藤原宣《ふじわらののぶ》孝《たか》との結婚生活をおくり、一人娘の賢《たか》子《こ》を育て、一生の大部分を過ごしたといわれています。代表作である『源氏物語』や『紫式部日記』などもこの地で執筆されたそう。本堂前の源氏の庭には『源氏物語』にちなんだ朝顔（桔《き》梗《きょう》）が植えられています。

DATA

京都市上京区寺町通広小路上ル北之辺町397
075-231-0355
9:00～16:00
源氏の庭拝観500円
Map P123-B

銀閣寺

金戒光明寺《こんかいこうみょうじ》

長きにわたる思考の様子を螺髪《らほつ》の大きさで表現した仏様

◉御本尊……阿弥陀如来

古くから墓地に鎮座する五劫《ごこう》思惟《しゆい》阿弥陀如来は作者も安置した人も分からないそう

御朱印Check!

五劫とは長い年月、思惟とは心のなかで深く考えることを示す。「浄土真宗最初門」など全5種の御朱印すべて御影堂で授与。＊御朱印＊300円

法然上人が43歳のときに比叡山を下りられ草庵を結ばれた場所。山門の勅額に書かれた「浄土真宗最初門」が、浄土の真の教え＝宗がこの地から始まったことをあらわしています。

御影堂《みえいどう》には御本尊である法然上人の75歳のお姿（御影）と、右脇に吉備観音、左脇に中山文殊がおられます。御朱印は本来、お参りした仏様のご加護をいただくものなので、五劫思惟《ごこうしゆい》阿弥陀如来の御朱印ならまずは三重の塔に繋がる石段横へ。アフロ仏として注目を集めるユニークな石仏は、阿弥陀如来の修行時代のお姿です。

アフロ仏の金平糖350円

DATA

京都市左京区黒谷町121
075-771-2204
9:00〜16:00
Map P124-D

「不倒」の心を願う達磨《だるま》がいっぱい

法輪寺《ほうりんじ》

円町

「だるま寺」の名で親しまれる法輪寺。臨済宗妙心寺派に属し、享保12年（1727）に萬海和尚により創建されました。その後、第二次世界大戦後の世の中を、倒れてもまた起き上がる「不倒《ふとう》」の精神で元気にしたいとの思いから達磨堂を建立。三国随一といわれる起き上がり達磨をはじめ、心願成就を願って奉納された8000体もの達磨がずらりと並び、2月には境内が達磨で埋め尽くされる節分祭が行われます。

達磨の形をした窓や扉、屋根の上など、境内のあちらこちらで見られる達磨を探すのも楽しみです。

◉御本尊……達磨大師《だるまだいし》

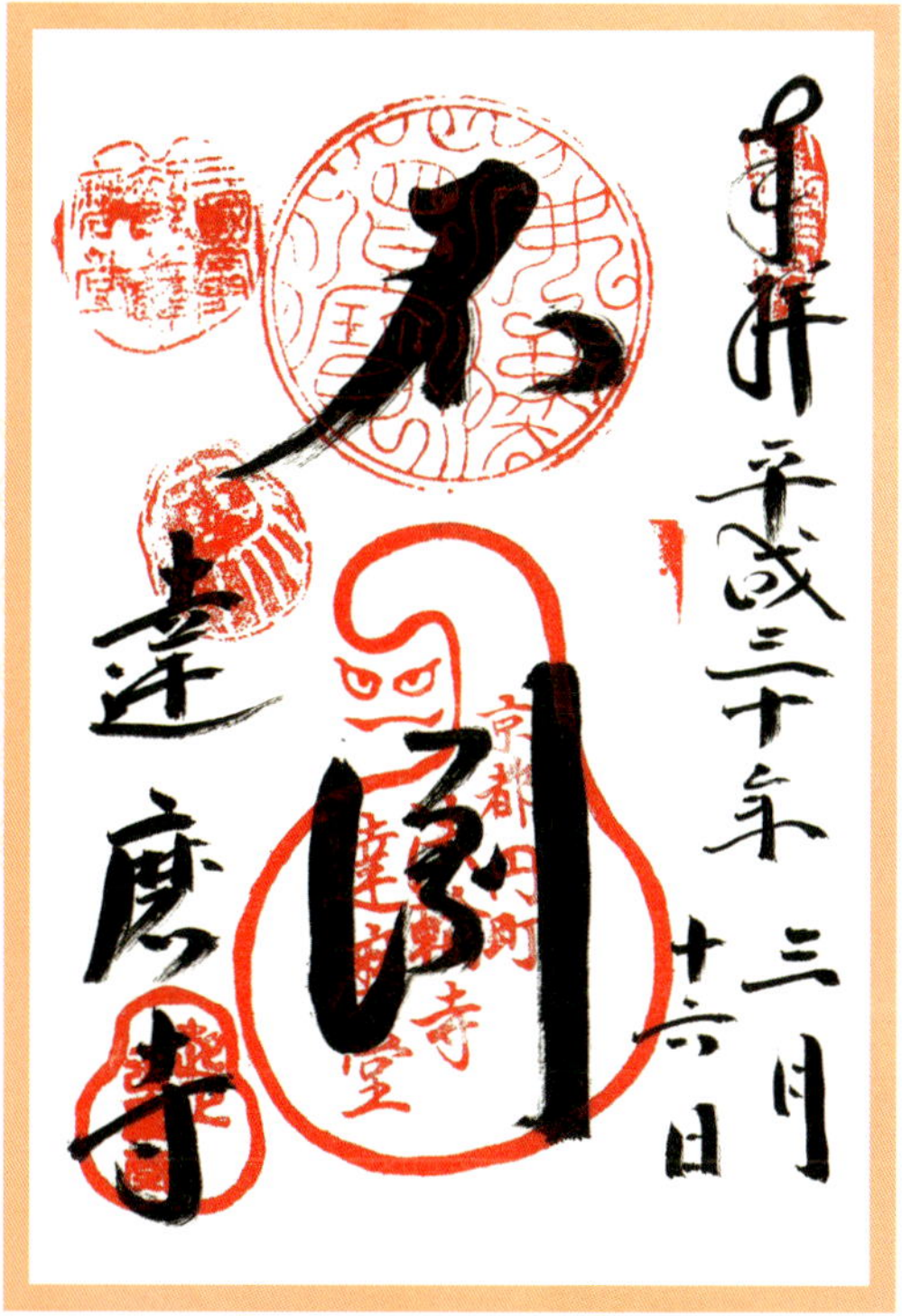

達磨堂の起き上がり達磨

DATA

京都市上京区下ノ下立売通紙屋川畔
075-841-7878
9:00～16:30
Map P123-B

御朱印Check!

中央に達磨大師そのものを表す不倒の墨書。中央下の達磨モチーフの印は京都円町法輪寺達磨堂。

＊御朱印＊300円

雨乞いの神が棲む祇園祭発祥の地

神泉苑《しんせんえん》

二条城

四季折々の景色が美しい、東寺真言宗の寺院である神泉苑。平安京造営の際の禁苑であり、歴代天皇や貴族たちが花見や舟遊びを楽しんだと伝わります。弘法大師空海が雨乞いを成功させたことから、願い事を一つ念じながら法成橋《ほうじょうばし》を渡って善女龍王社《ぜんにょりゅうおうしゃ》へ詣でると、願いが叶うといわれています。

貞観11年（869）には、全国で相次ぐ災いを鎮めるために、当時の国の数である66本の鉾《ほこ》を立てた儀礼「御《ご》霊会《りょうえ》」が行われました。これに車をつけたことが、祇園祭の起源になったと伝わります。祇園祭や観月会《かんげつえ》の期間は、限定御朱印が受けられます。

●御本尊……善女龍王
聖観世音菩薩《しょうかんぜおんぼさつ》

静御前と義経公の出会いの地であることにちなんだ御朱印は各300円

DATA

京都市中京区御池通神泉苑町東入ル門前町166
075-821-1466
9:00～17:00（拝観は8:30～20:00）
Map P125-F

御朱印 Check!

祇園祭の期間に受けられる限定御朱印。中央上の印には、5月の神泉苑祭で用いられる金鶏《きんし》鉾の左に六十六鉾建立と記される。＊御朱印＊300円

勇壮な祭りがモチーフの力強い印

由岐神社《ゆきじんじゃ》

鞍馬

◉主祭神……大己貴命《おおなむちのみこと》、少彦名命《すくなひこなのみこと》

◉御利益……子授け、縁結び、病気平癒、商売繁盛

御朱印 Check!

鞍馬の火祭の御朱印。中央の神社印の下に松明を持つ人の姿の版画が。左上にはもみじ。

＊御朱印＊300円

鞍馬の火祭

日本三大火祭の一つ、鞍馬の火祭で有名な由岐神社。鞍馬一帯の氏神様で、天慶3年（940）に御所に祀られていた由岐大明神が鞍馬に勧請されたのが起こりです。長さ1㎞にもおよんだという遷宮の行列が、鴨川に生えていた葦《あし》で松明《たいまつ》を造り、篝火《かがりび》を焚かれた道を練り歩いたことが、今日の火祭の起源になったといわれています。

拝殿は割拝殿《わりはいでん》とよばれる、中央に通路をはさんで左右二つに分かれた珍しい形式。桃山時代の代表的な建造物として、国の重要文化財に指定されています。

DATA

京都市左京区鞍馬本町1073

075-741-1670

9:00～16:00（季節により異なる）

鞍馬寺山門で愛山費300円が必要

Map P122-A

絵巻に描かれた安倍晴明の伝説

清浄華院《しょうじょうけいん》

京都御所

浄土宗八総大本山、京都四箇本山《しかほんざん》の一つである清浄華院は、貞観2年（860）に慈覚大師円仁《じかくだいしえんにん》が開いた禁裏《きんり》内道場にはじまります。のちに後白河天皇により法然上人に下賜《かし》されたことで、浄土宗寺院に改められました。

大殿に安置される秘仏泣不動尊《なきふどうそん》にまつわる寺宝『泣不動縁起絵巻《なきふどうえんぎえまき》』は、陰陽師《おんみょうじ》であった安倍晴明《あべのせいめい》公が登場することで有名な絵巻物。滋賀県の三井寺《みいでら》の僧証空《しょうくう》が、晴明公の祈祷《きとう》を受けて師僧の重病を肩代わりし、これを知った不動明王が涙を流して証空を助けたという説話が描かれています。

●御本尊……阿弥陀如来

泣不動尊ゆかりの不動堂。現在は再建にあたり新造された半丈六《はんじょうろく》不動明王坐像が安置されている

御朱印 Check!

中央の印は『泣不動縁起絵巻』に登場する安倍晴明公の祈祷シーン。祭文《さいもん》を読み上げる晴明の前に疫病神が並ぶ。＊御朱印＊300円

DATA

京都市上京区寺町通広小路上ル北之辺町395
075-231-2550
9:00～17:00
Map P123-B

若き剣聖 宮本武蔵が決闘に挑んだ地

八大神社《はちだいじんじゃ》

一乗寺

永仁2年(1294)、八坂神社から勧請されはじまった八大神社は「北天王(北の祇園社)」とよばれていました。

参道下にある「一乗寺下り松《いちじょうじさがりまつ》」は、古くから待ち合わせに利用されてきた一乗寺のシンボル。宮本武蔵と吉岡一門の決闘の地として知られ、決闘を前に八大神社に祈ろうとした武蔵が、神仏に頼る自分の弱さに気づいてやめたという逸話が残っています。

代々植え継がれてきた松は現在5代目で、「宮本 吉岡 決闘之地」と書かれた石碑と共にあります。決闘以前から明治期まで生きた古木の一部は神前に大切に祀られています。

◉主祭神……素戔嗚命《すさのおのみこと》、稲田姫命《いなだひめのみこと》、八王子命《はちおうじのみこと》

◉御利益……方除け、厄除け、縁結び、学業成就

武蔵開運守
500円

武蔵の背後に一乗寺下り松が描かれた御朱印帳
各1500円

御朱印Check!

御神紋は八坂神社と同じ左三巴と木瓜《もっこう》。中央に大きく施される宮本武蔵の印は、境内にある武蔵のブロンズ像をイメージした緑色。＊御朱印＊300円

DATA

京都市左京区一乗寺松原町1
075-781-9076
9:00～17:00
Map P124-E

幕末の志士たちを偲ぶ

京《きょう》都《と》霊《りょう》山《ぜん》護《ご》國《こく》神《じん》社《じゃ》

東山

●主祭神……勤皇の志士、英霊

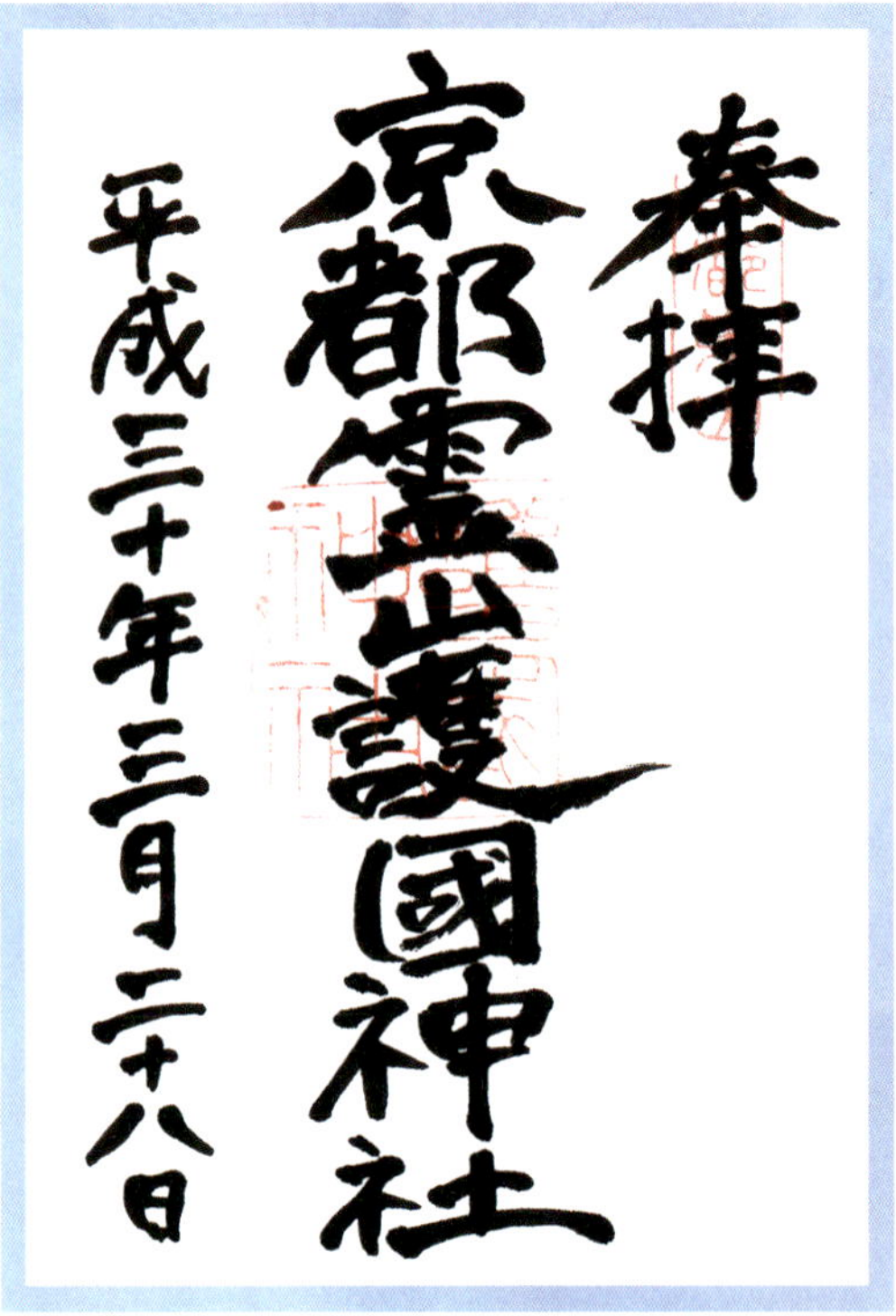

御朱印 Check!
右上の印は京都東山、中央の印は護國神社の社印。力強い筆致。
＊御朱印＊300円

勤王派と佐幕派の対立抗争が絶えなかった幕末に、日本は一つにまとまらなければならないという大きな視野をもって新政府の成立に奔走した坂本龍馬。海援隊を組織し薩長同盟を成立させた、明治維新の影の立役者です。

京都霊山護國神社は、全国で初めて建立された、国家のために殉難した人を祀る護国神社。明治元年（1868）に、維新を目の前にして倒れた志士たちを祀るため、明治天皇の詔《みことのり》により創建されました。境内の霊山墓地には、坂本龍馬や中岡慎太郎をはじめ、木戸孝允や池田屋事件で新選組に討たれた志士など、明治政府誕生に尽力した1056名もの志士が祀られています。

京都霊山護國神社へと続く坂道は維新の道と呼ばれる。石碑の字は松下幸之助の書によるもの

龍馬の功績を称えて立てられた銅像。中岡慎太郎とともに京都の町を見守っている

池田屋事件で新選組に討たれた志士や、長州藩の英才など、幕末に活躍した志士たちが数多く祀られる

龍馬の命日であり誕生日でもある11月15日には、近江屋事件で亡くなった龍馬、慎太郎、山田藤吉を慰霊する龍馬祭が行われます。祭りでは中岡慎太郎の郷里である高知県北川村のシャモを使ったシャモ鍋が京都高知県人会により振る舞われます。これは龍馬と慎太郎が、下僕の峰吉にシャモを買いに行かせている間に襲撃に遭い、郷里の味を口にすることなく亡くなったという逸話に由来するもの。一番汁を両志士の墓前にお供えしたあとは参拝者にも振る舞われ、彼らの郷里の味を味わうことができます。

DATA

京都市東山区清閑寺霊山町1
075-561-7124
9:00～17:00
入山料300円
Map P124-D

幕末の足跡が残る新選組ゆかりの寺院

壬生寺《みぶでら》

壬生

南都六宗の一つ、律宗の大本山。寺伝によると正暦2年（991）に三井寺の快賢僧都《かいけんそうず》により創建され、小三井寺とよばれていたそうです。

新選組ゆかりの寺として知られる壬生寺の境内には、新選組にまつわる遺構壬生塚があります。文久3年（1863）、壬生の地で結成された新選組は、壬生寺の境内を兵法調練場として使用し、武芸や大砲の訓練を行っていました。寺には隊士たちが子どもを集めて遊んだり、狂言を楽しんだりしていたという記録が数多く残されています。

●御本尊……延命地蔵菩薩

新選組の羽織をかたどった絵馬800円

壬生寺千体仏塔

DATA

京都市中京区坊城仏光寺北入ル
075-841-3381
8:30～17:00
壬生塚拝観200円
Map P125-F

御朱印 Check!
中央の印は、御本尊の地蔵菩薩を意味する梵字「カ」。左下は壬生寺の寺印。
＊御朱印＊300円

歴史の舞台への入城記念

国宝に指定されている二の丸御殿の大広間

元《もと》離《り》宮《きゅう》二《に》条《じょう》城《じょう》

慶長8年（1603）、天下統一を果たした徳川家康が造営し、15代慶喜が大政奉還を発表した場としても知られる二条城。二条城では左のような、入城記念符がいただけます。収益の一部は、一口城主募金として国宝の二の丸御殿をはじめとする文化財建造物の修繕費に充てられます。

城内売店で販売。300円

二条城

二の丸御殿の正門である唐門

DATA
京都市中京区二条通堀川西入ル二条城町541
075-841-0096
8:45～16:00
入城料600円
Map P125-F

写真提供：元離宮二条城事務所

織田信長公の偉業を称える船岡山の地

建《たけ》勲《いさお》神《じん》社《じゃ》

紫野

◉主祭神……織田信長公
◉御利益……大願成就

永禄3年（1560）、桶狭間の戦いの後、天下統一を目指して戦国の世を駆け抜けた織田信長。本能寺の変後、豊臣秀吉が信長公を慰霊する寺院を建立しようとするも完成には至らず、船岡山は信長公の霊地として大切に保護されてきました。その後、信長公の偉勲を称えて明治天皇が創建したのが建勲神社です。現在は「けんくんじんじゃ」の名で親しまれています。

境内からは比叡山や大文字山などの山々が望める

DATA

京都市北区紫野北舟岡町49
075-451-0170
9:00～17:00
Map P123-B

御朱印Check!

中央は信長が用いた天下布武龍章を再現した印。右上に天下布武、右下には信長花押印。左上は信長の家紋であり、建勲神社の神紋である木瓜紋《もっこうもん》。

＊御朱印＊500円

東山

秀吉への優しい思いがあふれる

高《こう》台《だい》寺《じ》天《てん》満《まん》宮《ぐう》

◉主祭神……菅原道真公
◉御利益……心願成就

御朱印Check!

右上の印は北政所守本尊。中央に大きく夢と書かれ、心願成就の印が押される。中央下には優しくほほえむ公式キャラクターの「ねね」が。＊御朱印＊300円

拝殿をぐるりと囲むマニ車

慶長11年（1606）、豊臣秀吉の正室ねねが夫の菩提を弔うために開いた高台寺。その境内にある高台寺天満宮は、ねねが日頃から崇拝していた綱《つな》敷《しき》天満宮の菅原道真公を勧請し、高台寺の鎮守社として創建されました。

秀吉とねねは、当時では珍しい恋愛によって結ばれました。まだ身分の低かった秀吉との結婚に周囲は大反対しましたが、ねねは秀吉への思いを貫き通し、二人は夫婦となったのです。

高台寺天満宮のほかにも、高台寺境内には2カ所の授与所があり、それぞれ異なった御朱印がいただけます。

DATA

京都市東山区高台寺下河原町526
075-561-9966
9:00～17:00
Map P124-D

御朱印帳コレクション

お気に入りの一冊を見つけて、御朱印めぐりを楽しみましょう。

金戒光明寺［御朱印帳］

アフロ仏として人気の五劫思惟阿弥陀如来が描かれています。優しい色味の格子柄も和モダンな印象です。ビニールカバー付き。1200円

金戒光明寺▶P96

清水寺［仏足石御朱印帳］

轟《とどろき》門《もん》をくぐってすぐ左手の朝倉堂の前にある仏足石にちなんだ御朱印帳。黒地にうっすらと桜模様が入り、金糸の仏足石が目立ちます。1200円

清水寺▶P20

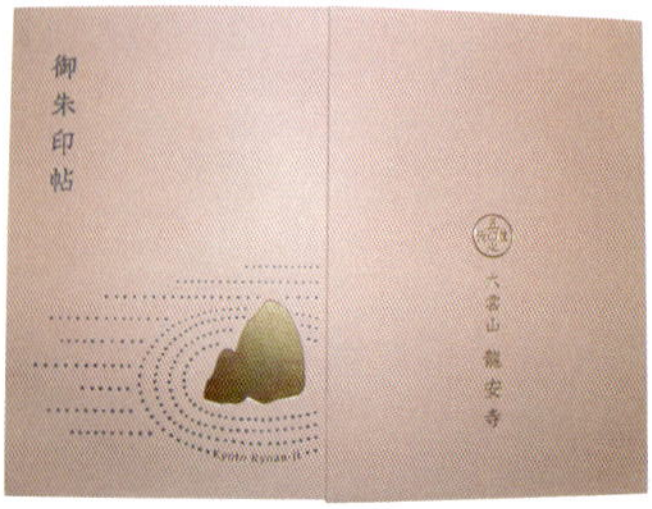

龍安寺［石庭御朱印帳］

龍安寺のシンボルである石庭の砂紋をドットで、石は金色でシンプルにデザインされています。裏のつくばいも礎石と同じ箔押しです。1200円

龍安寺▶P32

即成院
［現世来世極楽浄土手形付き特別限定御朱印帳］

表は現世、裏は来世の極楽浄土に行ける、取り外せる通行手形になった御朱印帳は100冊限定。特別限定御朱印授与ページがあるほか、年間通して即成院内陣特別拝観など特典付きです。3万円

即成院▶P64

松尾大社
［御朱印帳］

お酒の神様として知られる松尾大社の御朱印帳は、境内のそれを彷彿させる酒樽がズラリと並んだデザイン。白に金糸がおしゃれ。1500円

松尾大社▶P30

大原野神社［御朱印帳］

仲良く寄り添うかわいらしい雌鹿と牡鹿。縁結びの象徴として授与されている土鈴と同じ神鹿が、青、紅、雪のもみじと共に描かれています。1500円

大原野神社▶P44

石清水八幡宮
[蒔絵御朱印帳]

従来の西陣織に続き登場した御朱印帳は京都の職人が一点ずつ手掛ける本蒔絵。国宝の御本殿が表から裏へとつながり、きらびやかです。3000円

石清水八幡宮▶P86

梨木神社[御朱印帳]

5色のボーダー柄に萩と染井を刺繍。萩の宮といわれ、京都三名水のひとつ染井の水が湧く梨木神社ならでは。1200円

梨木神社▶P43

市比賣神社
[御朱印帳]

ピンク地をベースに組紐で描かれた桜や梅、リボンが大きく配されています。神社が授与する御朱印帳としては大きめのサイズ。2000円

市比賣神社▶P51

竹笹堂《たけざさどう》
[手摺り木版画のじゃばら帖 雨音]

木版画工房・竹中木版のお店竹笹堂では、手摺りのじゃばら帖のほかにしおりも充実。デザインはどれもポップで、「雨音」は石畳に広がる雨の波紋を2色でモダンに表現。3132円

竹笹堂
[手摺り木版画のじゃばら帖だるま]

一番人気、縁起物のだるま柄は御利益、御加護をいただく御朱印帳にぴったり。大小のだるまがコロコロところがっています。白地に朱が鮮やかな1色摺り。2700円

WORK《ワーク》 &《アンド》 SHOP《ショップ》 by《バイ》 BOX《ボックス》&《アンド》NEEDLE《ニードル》
[御朱印帳 Green Curtain]

京都の老舗紙器メーカーのショップ。紙箱を中心に手貼りの御朱印帳も揃います。デザインは随時変わるので一期一会を楽しんで。「Green Curtain」は、いろいろな植物がにぎやかでカラフル。1728円。お店には御朱印帳が入るBOX(P3、P18掲載)もあります

DATA

竹笹堂

京都市下京区綾小路通西洞院東入ル新釜座町737
075-353-8585
11:00～18:00／水曜休
Map P125-F

DATA

WORK & SHOP by BOX&NEEDLE

京都市下京区五条通高倉角堺町21 Jimukinoueda bldg. 3F 303
075-748-1036
13:00～18:00
(土日祝は12:00～19:00)／水曜休
Map P125-F

column
03
一緒に持ちたい御朱印グッズ

御朱印帳とセットで持つと
気分が上がるグッズは
必見です。

御朱印帳&朱印帳かばん

老舗帆布メーカー信三郎帆布とのコラボ帆布バッグは御朱印帳が2冊入るサイズで、朱と紺の2色展開。表に貴船神社、裏に信三郎帆布のタグが付きます。水をイメージしたドット柄の御朱印帳と共に。

御朱印帳＊1000円、朱印帳かばん＊3000円

貴船神社▶P40

裏

御朱印帳&しおり

花の庭として知られる、城南宮の神苑を彩るしだれ梅が描かれた友禅和紙の御朱印帳。クリームとピンクの2種類あり、それぞれお揃いのしおり付き。１月から授与を開始し、なくなり次第さくら、青もみじ、紅葉と絵柄が変わります。

初穂料＊1300円　城南宮▶P74

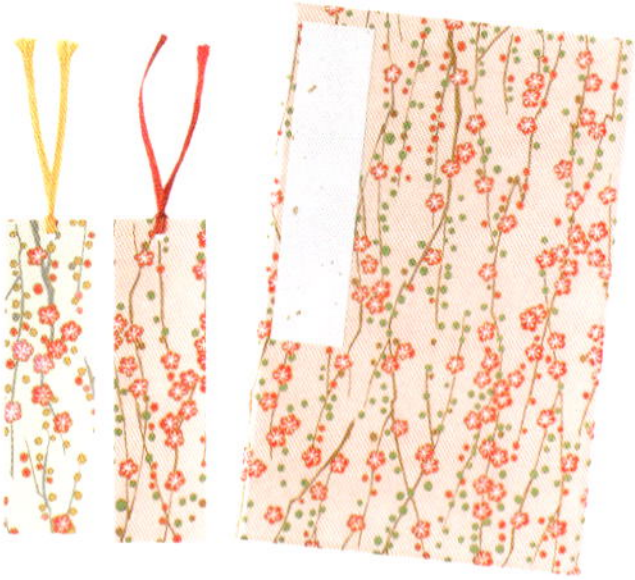

御朱印巡りセット

寺社で御朱印帳を分けたいとの声で生まれた2冊入るバッグは、ショルダー紐をつけて斜め掛けすることができます。レトロな和柄で御朱印帳とお揃いで持てるのもうれしい。御朱印帳、大切なモノ入れ(バッグ)、カバー、ショルダー紐のセット。6264円。個別販売もあり

のレン 祇園本店

京都市東山区祇園町南側582-1
075-551-9388
10:30～22:00／無休　Map P125-F

4章

お寺と神社を学ぶ

なんとなくでしか
理解していない人も多い、
お寺や神社の基礎知識を知れば、
御朱印めぐりがもっと楽しくなります。

お寺の宗派を知ろう

インドから中国を経て日本へと伝わった仏教。もともとはお釈迦《しゃか》様の教えを説いたものですが、時代とともにさまざまな宗派に分かれ、以下が「七大宗派」とされます。

天台宗《てんだいしゅう》

平安時代、遣唐使として唐で学んだ最澄《さいちょう》が開いた宗派で、人は誰でも仏になれるという「悉有仏性《しつうぶっしょう》」を唱えました。総本山である比叡山延暦寺《ひえいざんえんりゃくじ》では、栄西《よう(えい)さい》、法然《ほうねん》、親鸞《しんらん》、日蓮《にちれん》、道元《どうげん》など各宗派の祖師を輩出したことから「日本仏教の母山」とも呼ばれます。

▼**赤山禅院**(P59)、**蓮華王院三十三間堂**(P68)、**六角堂頂法寺**(P81) など

真言宗《しんごんしゅう》

平安時代、空海《くうかい》(弘法《こうぼう》大師)によって開かれた密教の宗派。宇宙の真理を体現する大日如来《だいにちにょらい》を本尊とし、真言(仏の教えを表す呪文のような語句)を唱えることで悟りを目指します。加持祈祷をすることで現世利益が得られるとして、貴族層からの信仰を集めて発展しました。

▼**泉涌寺**(P48)、**即成院**(P64)、**東寺**(P72)、**神泉苑**(P98) など

臨済宗《りんざいしゅう》

鎌倉時代初期、栄西により開かれた禅宗の一つ。経典に依存せず、座禅による修行を重視。座禅の最中に師が出す「公案《こうあん》」と呼ばれる問いかけについて考えることで悟りを目指す「看話《かんな》禅《ぜん》」の形をとります。

▼**建仁寺**、**龍安寺**(P32)、**東福寺**(P34)、**法輪寺**(P97) など

曹洞宗《そうとうしゅう》

道元《どうげん》を開祖とする禅宗の一つで、福井県の永平寺が大本山。臨済宗と同じく座禅を基本的な修行としますが、ただひたすら座禅を組むことでやがて悟りに至るという「只管打坐《しかんたざ》」を重んじます。

▼**詩仙堂**、**源光庵** など

浄土《じょうど》宗

平安時代末期、法然《ほうねん》により開かれた宗派で、修行をせずともただひたすらに「南無阿弥陀仏《なむあみだぶつ》」と念仏を唱えることで誰でも極楽浄土へ往生できるという「専修《せんじゅ》念仏」を説きました。御本尊は主に阿弥陀仏。

▼知恩院（P36）、**誓願寺**（P52）、**釘抜地蔵石像寺**（P71）、**金戒光明寺**（P96）など

金戒光明寺山門

浄土真宗

鎌倉時代初期、法然の弟子である親鸞《しんらん》が開いた宗派。阿弥陀仏の本願によってどんな人でも救われるという「他力本願」と、仏の前では誰しも煩悩を持った〝悪人〟であり、だからこそ阿弥陀仏によって救われるという「悪人正機《あくにんしょうき》」も唱えました。肉食・妻帯を禁じていないのも特徴です。

▼西本願寺、東本願寺、佛光寺（P93）

日蓮《にちれん》宗

鎌倉時代中期、日蓮により開かれた宗派で、法華《ほっけ》宗とも呼ばれるように、『法華経』の教えが唯一お釈迦様の教えを示すものとし、『法華経』の題目である「南無妙法蓮華経《なむみょうほうれんげきょう》」を唱えることを重視しました。御本尊は主にお釈迦様。

▼妙顕寺（P37）、**妙蓮寺、本能寺**など

その他、法相《ほっそう》宗（清水寺〈P20〉）、律《りっ》宗（壬生寺〈P104〉）、時《じ》宗（染殿地蔵院〈P47〉）、黄檗《おうばく》宗（萬福《まんぷく》寺〈P80〉）、華厳《けごん》宗、融通《ゆうずう》念仏宗を加えた13宗派が日本の主な宗派とされます。

覚えておきたい高僧

◆空海《くうかい》(774～835)

「弘法大師」とも呼ばれる。唐に渡ってわずか3カ月ですべての法を授かり、日本に戻って高野山に金剛峯寺《こんごうぶじ》を建立。平安京に東寺を賜って密教の根本道場としました。

◆良源《りょうげん》(912～985)

天台宗の僧侶で、比叡山中興の祖。「元三大師《がんざんだいし》」「角《つの》大師」とも呼ばれ、疫病にかかったときに鬼のような姿になって疫神を追い払ったことから、魔除けのお札に描かれます。

◆親鸞《しんらん》(1173～1262)

9歳から比叡山で修行をしますが、29歳で山を下り、法然《ほうねん》の弟子となります。その後、越後へ流罪《るざい》となり、関東を中心に布教。非僧非俗《ひそうひぞく》の立場をとって結婚し、6人の子をもうけました。

お寺の基礎知識

御本尊はどんな存在？

仏像とはもともと、お釈迦様の姿をうつしたものです。お釈迦様は偶像崇拝を禁じていましたが、その姿を偲びたいという人々の願いから仏像が作られるようになり、さまざまな形が作られるようになりました。

　仏像は、大きくは如来《にょらい》、菩薩《ぼさつ》、明《みょう》王《おう》、天部《てんぶ》に分けられます。

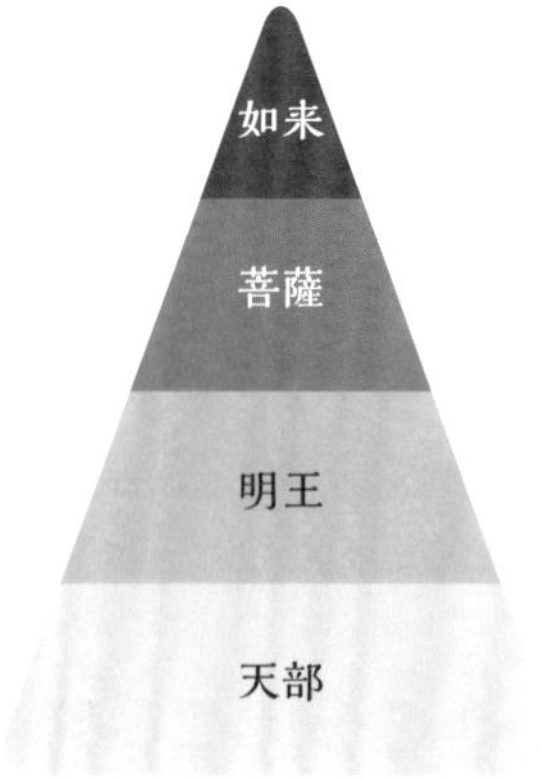

如来

如来とは「悟りを開いた者」という意味で、お釈迦様が王子の地位とともにきらびやかな衣服もアクセサリーも捨て去った姿を表しているため、粗末な衣だけをまとった姿をしています。また、悟りを開いた者の特徴として、頭頂部が2段に盛り上がり、眉間には白毫《びゃくごう》と呼ばれる毛が渦を巻き、手の指の間には水かきのような縵網相《まんもうそう》があるなど、普通の人とは異なる姿をしています。

　手の形や持っている物によって、釈迦如来、阿弥陀如来、大日如来、薬師如来などに区別されます。

即成院の阿弥陀如来と二十五菩薩

菩薩

菩薩とは悟りを求めて修行に励んでいる者のことで、出家前のお釈迦様をモデルにしています。そのため、昔のインドの貴族がしていたように髪を高く結い上げ、冠やネックレスなどのアクセサリーをつけたきらびやかな姿をしています。

頭上に11の顔を持つ十一面観音菩薩、千の手と目を持つ千手《せんじゅ》観音、お釈迦様が亡くなってから56億７０００万年後に現れて人々を救うとされる弥勒《みろく》菩薩、「お地蔵様」と親しまれる地蔵菩薩などさまざまな姿をしています。

明王

「邪悪を打ち砕く使者」の意味を持ち、如来の教えに従わない人々を仏の道に導くために、恐ろしい憤怒《ふんぬ》の相をしています。

不動明王は、右手には煩悩を断ち切るための剣を、左手には煩悩を縛るための羂索《けんさく》を持ち、背中に背負った炎は断ち切った煩悩を焼き尽くします。ほかに、弓と矢を持ち、愛欲を浄化する愛染《あいぜん》明王、明王の中では唯一おだやかな表情をしている孔雀《くじゃく》明王など。

天部

仏教に帰依《きえ》した神々で、仏を守る役目を担います。七福神としてなじみのある帝釈天《たいしゃくてん》、大黒天《だいこくてん》、弁財天《べんざいてん》、寺院の門などに立つことが多い金剛力士《こんごうりきし》、羽とくちばしをもつ迦楼羅《かるら》、３つの顔と6本の腕を持つ阿修羅《あしゅら》など姿形はバリエーションに富んでいます。

そのほか、お釈迦様の高弟である羅《ら》漢《かん》や、弘法《こうぼう》大師、元三《がんざん》大師、達磨《だるま》大師など、それぞれの宗派の開祖や高僧などをうつした像もあります。

覚えておきたい用語集

◆山門・三門

お寺はもともとは山に作られたことから、平地に作られるようになっても「山号」をつけるのが習いとされたことから、お寺（山）に入る門を「山門」といいます。

同じお寺に入る門でも「三門」という場合は、悟りに至る三つの境地を表す門である「三解脱門《さんげだつもん》」からきています。

◆梵字《ぼんじ》

「梵字」とは古代インドのサンスクリット語を起源とし、密教において仏を表す文字として使われ、神聖な字と考えられています。

御朱印帳に梵字が書かれることがありますが、仏様を象徴するマークのようなものではなく、その梵字そのものが仏様であると考えてください。

神社の系統を知ろう

日本にある神社は約8万とも11万ともいわれています。それらをひとまとめに「神社」と呼んでいますが、実はいろいろな系統があります。

求める御利益に合わせて、どういう神社にお参りしたらよいのかを知っておきましょう。

八幡《はちまん》神社、八幡宮

日本で一番多く祀られているのが八幡様といわれます。祭神である誉田《ほんだ》別命《わけのみこと》は応神《おうじん》天皇とされ、その母である神功《じんぐう》皇后も祭神となります。清和源氏が氏神としたことから武家の守り神として祀られるようになり、次第に家運隆盛、勝利、交通安全、縁結び、安産など幅広い神徳があるとして全国に祀られるようになりました。総本社は大分県の宇佐神宮。

▼**石清水八幡宮**（Ｐ86）など

稲荷神社

祭神である宇迦之御魂神《うかのみたまのかみ》の「ウカ」は穀物や食物のことをさし、食物を司る神様です。五穀豊穣、稲の神様であり、キツネが神の使いとされます。もともとは渡来系の豪族・秦《はた》氏の氏神でしたが、秦氏の繁栄とともに広がり、現在は五穀豊穣、商売繁盛、家内安全の神として信仰を集めます。京都の伏見稲荷大社が総本社。

▼**伏見稲荷大社**（Ｐ54）など

天満宮・天神社

平安時代の学者・政治家である菅原《すがわらの》道真《みちざね》を祭神とし、「天神さん」と親しまれます。幼いころから博学であった道真にあやかって学問の神様として名高いほか、漢詩など芸事にも優れていたため技芸上達のご利益もあります。

京都の北野天満宮と福岡の太宰府天満宮が総本社。

▼**北野天満宮**（Ｐ67）、**錦天満宮**（Ｐ73）など

熊野神社

和歌山にある熊野本宮大社、熊野速《はや》玉《たま》神社、熊野那智《なち》大社の「熊野三山」を本拠地とし、それぞれ主祭神として家津美御子大神《けつみみこのおおかみ》、速玉大神、夫須美大《ふすみの》神を祀ります。サッカー日本代表のシンボルともなっているヤタガラスを神の使いとします。もともとは大漁祈願の神として漁業関係者から信仰を集めていましたが、その後、開運招福、商売繁盛、病気平癒、夫婦和合の神として幅広く信仰されています。

▼新熊野神社（P88）など

熊野那智大社のヤタガラス

神明社・大神宮

皇室の祖先神とされる天照大神《あまてらすおおみかみ》を祀り、三重県の伊勢神宮を本宮とします。「日本人の総氏神」ともいわれるように、日本全体を守る神様であるため、個人的な願いごとより社会的なこと、人のための願いごとをするのに向いています。

▼日向大神宮 など

インド発祥の仏教的な神様である牛《ご》頭《ず》天王《てんのう》と素戔嗚尊《すさのおのみこと》が習合し、疫病よけとして信仰される祇園さん（八坂神社P74）、迦具土神《かぐつちのかみ》を祭神とし、火難よけの神様として信仰の厚い愛宕さん（愛宕神社P91）、比叡山に宿る山の神で、天台宗とともに広まった山王《さんのう》さん（日吉《ひえ》神社、松尾《まつのお》大社P30）なども広く信仰されています。

覚えておきたい用語集

◆本殿《ほんでん》・拝殿《はいでん》

御祭神をお祀りしている場所が「本殿」、その前に建ち、私たちがお参りする場所が「拝殿」です。その他、神楽《かぐら》や舞を奉納する「神楽殿《かぐらでん》」「舞殿《まいどの》」、神様へのお供え物をする「幣殿《へいでん》」などがあります。

◆摂社《せっしゃ》・末社《まっしゃ》

主祭神の妻や子など関係の深い神様を祀るのが「摂社」で、本社に準じる霊格を持つとされます。一方の「末社」は、大きな神社の有力な神様を勧請《かんじょう》して祀る小さな社のこと。

◆宮司《ぐうじ》・禰宜《ねぎ》

神社を代表する神職が「宮司」、宮司を補佐し、祭などの実務を担当するのが「禰宜」となります。

神社の基礎知識

神社にいるのはどんな神様？

「八百万《やおよろず》の神様」という通り、日本にはたくさんの神様がいます。神様と神社の関係がわかれば、お詣りもさらに熱がこもるのではないでしょうか。

伊邪那岐命《いざなぎのみこと》・伊邪那美命《いざなみのみこと》

日本の神話において最初に登場する夫婦神で、日本の国土や、さまざまな神様を誕生させました。国を造り、万物の元を生み出したことから、縁結び、商売繁盛、出世開運、豊作・豊漁、家内安全、厄除けなど幅広い神徳があるとされます。

天照大神《あまてらすおおみかみ》

日本の神様の中で最高神とされ、太陽の神であり、女性神。日本を造ったとされる伊邪那岐命が禊《みそぎ》をしたとき左目を洗ったときに生まれたとされ、同じ時に右目から月読命《つくよみのみこと》が、鼻から素《す》戔嗚尊《さのおのみこと》が生まれます。国家や自分の周囲の人々の幸せを願うとよいとされます。

素戔嗚尊《すさのおのみこと》

天照大神の弟にあたる神様ですが、神々の国である高天原《たかまがはら》で乱暴を働いたために地上に追放され、出雲の国でヤマタノオロチを退治した神話などで有名です。乱暴ですが、それだけ力があるということであがめられ、疫病除け、厄除け、縁結びにご利益があるとされます。

大国主命《おおくにぬしのみこと》

素戔嗚尊の子ども、あるいは6世孫とされ、因幡《いなば》の白うさぎを助けた話が有名。地上世界である「葦原中国《あしはらのなかつくに》」を統治して国造りをなし終えた後、高天原の神々に「国譲り」をし、出雲大社の祭神となりました。大黒天と同一視されることもあり、縁結び、五穀豊穣、商売繁盛、厄除け、病気平癒などにご利益があります。

宇迦之御魂大神《うかのみたまおおかみ》

「ウカ」は穀物、食物を意味し、五穀豊穣の神様。素戔嗚尊の娘にあたります。兄弟である大年神《おおとしのかみ》（歳徳神《としとくじん》）は一年の収穫を表し、お正月にお迎えする神様。五穀豊穣、商売繁盛、芸能上達のほか幅広いご利益があります。

少彦名尊《すくなひこなのみこと》

少彦名尊は、海の彼方からやってきた小人神とされ、大国主命とともに国造りをサポートしました。医薬業の神様としてあがめられ、同じく健康に関するものとして酒造、温泉の神としても信仰され、病気平癒のご利益があります。

そのほか、現世に強い想いを残して亡くなった人や、生前、特異な能力を発揮した人の強い神力にあやかるため、菅原道真や聖徳太子、安倍晴明、早良《さわら》親王、崇徳《すとく》天皇などの人間が神様として祀られることもあります。

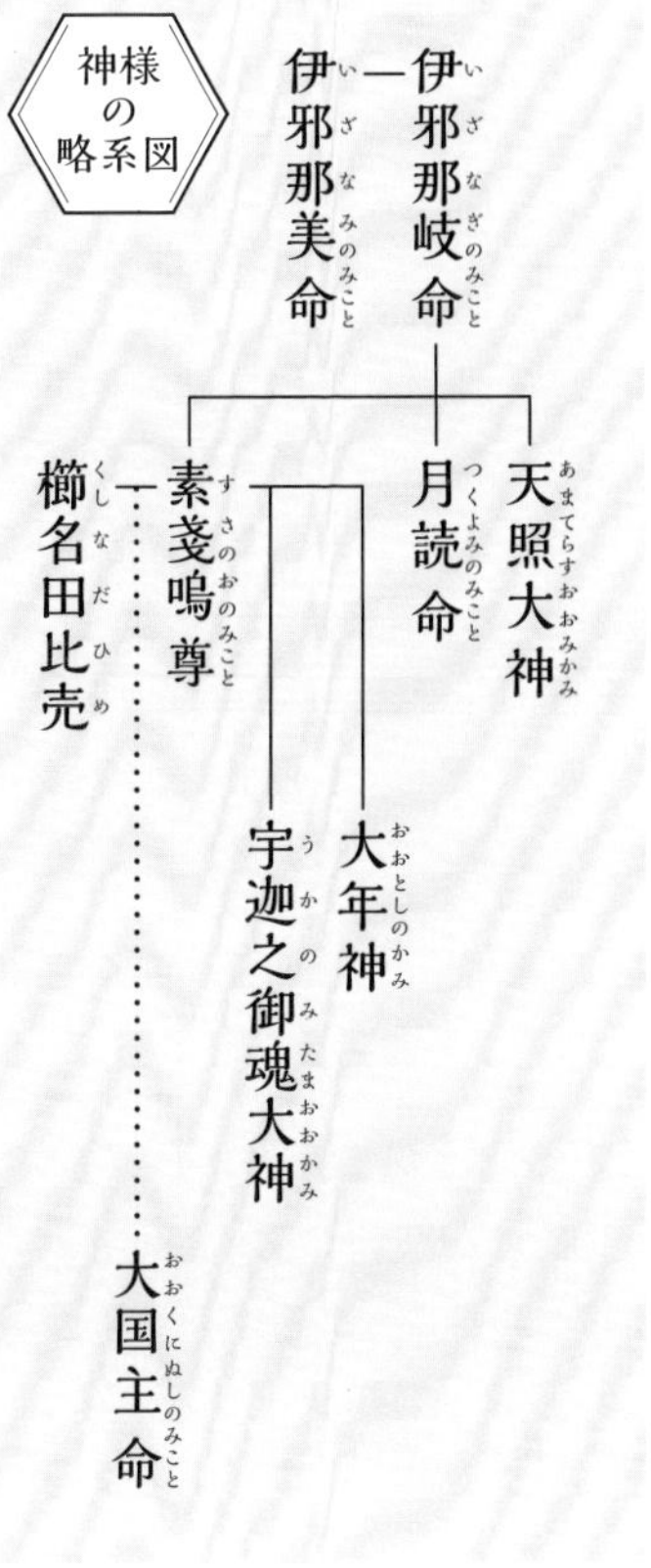

神様はどこに？

神社の本殿は神様を祀るところですが、いつでもそこに神様がおられるわけではありません。神社は天や山や海から飛来した神様が一時的にとどまる場所であり、神様が宿られるための鏡や剣、勾玉《まがたま》などの「御神体」を祀っています。

いくつもの神社に同じ神様が祀られているのは、「分祀《ぶんし》」「分霊」といって、それぞれの神社に神様のパワーを分けているのです。“分ける”といってもコピーして増やしていくのに似て、神様のパワーが弱まるわけではないのでご安心を。

ちなみに、お守りは神様の依代《よりしろ》とされ、神の力が宿っていると考えられています。御利益を授かるものなので、授与品といわれているのです。

京都御朱印MAP

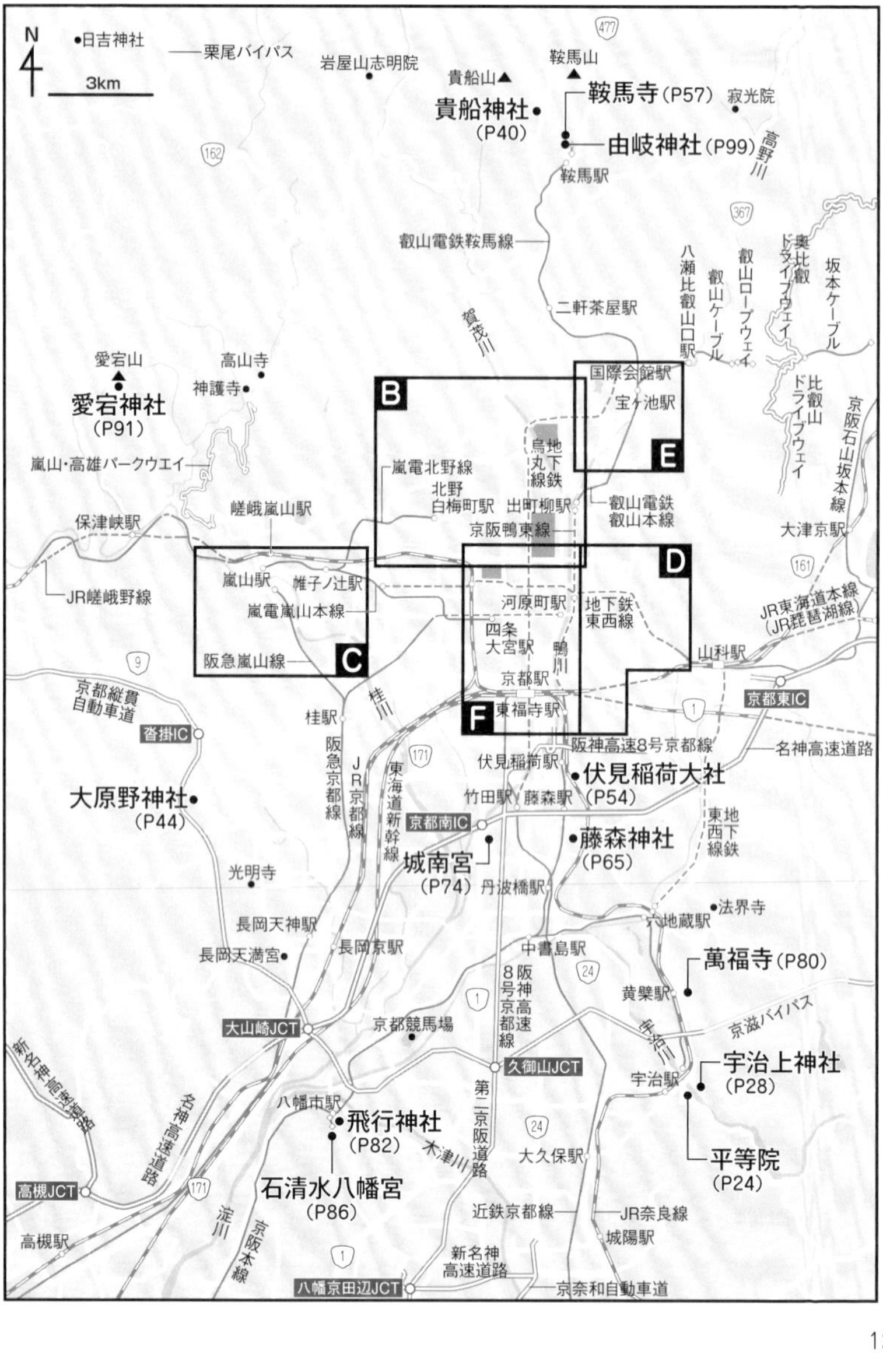

N
3km
日吉神社
栗尾バイパス
岩屋山志明院
貴船山
鞍馬山
477
鞍馬寺（P57）
寂光院
貴船神社
（P40）
由岐神社（P99）
高野川
162
鞍馬駅
367
叡山電鉄鞍馬線
八瀬比叡山口駅
叡山ケーブル
叡山ロープウェイ
奥比叡ドライブウェイ
坂本ケーブル
賀茂川
二軒茶屋駅
愛宕山
高山寺
神護寺
愛宕神社
（P91）
国際会館駅
宝ヶ池駅
比叡山ドライブウェイ
京阪石山坂本線
B
E
嵐山・高雄パークウエイ
嵐電北野線
北野白梅町駅
地下鉄烏丸線
出町柳駅
叡山電鉄叡山本線
嵯峨嵐山駅
保津峡駅
京阪鴨東線
大津京駅
D
161
JR嵯峨野線
嵐山駅
帷子ノ辻駅
嵐電嵐山本線
河原町駅
地下鉄東西線
JR東海道本線（JR琵琶湖線）
四条大宮駅
鴨川
阪急嵐山線
C
9
山科駅
京都縦貫自動車道
京都駅
桂川
京都東IC
沓掛IC
桂駅
F
東福寺駅
1
阪神高速8号京都線
名神高速道路
阪急京都線
JR京都線
東海道新幹線
171
伏見稲荷駅
伏見稲荷大社
大原野神社
（P44）
竹田駅
藤森駅
（P54）
京都南IC
藤森神社
（P65）
地下鉄東西線
城南宮
（P74）
丹波橋駅
光明寺
法界寺
六地蔵駅
長岡天神駅
長岡天満宮
長岡京駅
中書島駅
萬福寺（P80）
24
黄檗駅
1
京滋バイパス
大山崎JCT
京都競馬場
宇治川
宇治上神社
（P28）
久御山JCT
宇治駅
新名神高速道路
名神高速道路
八幡市駅
飛行神社
（P82）
第二京阪道路
24
木津川
大久保駅
平等院
（P24）
石清水八幡宮
（P86）
高槻JCT
171
淀川
京阪本線
近鉄京都線
JR奈良線
高槻駅
城陽駅
1
新名神高速道路
八幡京田辺JCT
京奈和自動車道

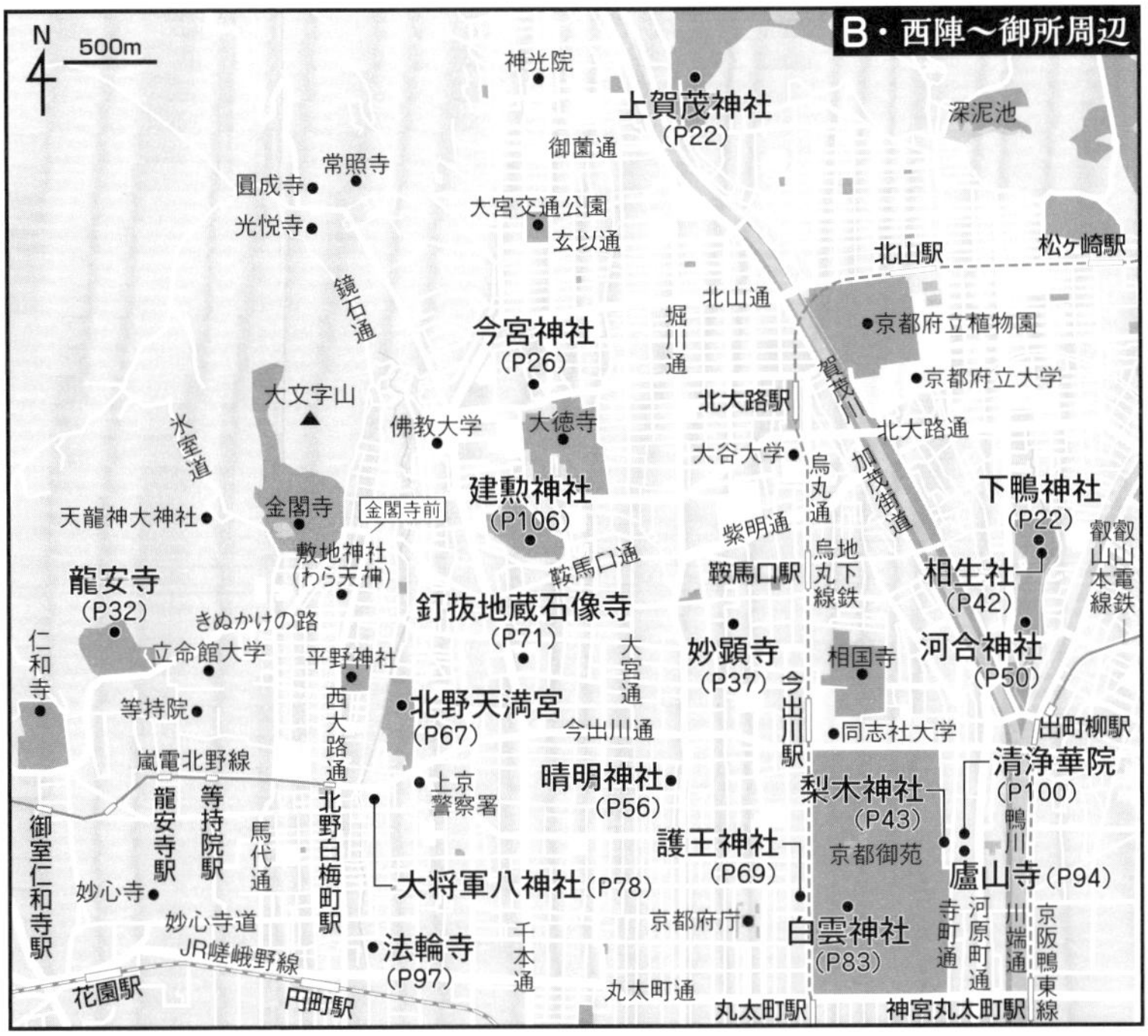
B・西陣〜御所周辺
N
500m
神光院
上賀茂神社
(P22)
深泥池
御薗通
常照寺
圓成寺
大宮交通公園
光悦寺
玄以通
北山駅
松ケ崎駅
鏡石通
北山通
堀川通
京都府立植物園
今宮神社
(P26)
賀茂川
京都府立大学
大文字山
北大路駅
氷室道
佛教大学
大徳寺
北大路通
大谷大学
烏丸通
加茂街道
下鴨神社
(P22)
建勲神社
(P106)
金閣寺
金閣寺前
天龍神大神社
紫明通
叡山電鉄叡山本線
敷地神社
(わら天神)
鞍馬口通
鞍馬口駅
地下鉄烏丸線
相生社
(P42)
龍安寺
(P32)
きぬかけの路
釘抜地蔵石像寺
(P71)
大宮通
妙顕寺
(P37)
相国寺
河合神社
(P50)
仁和寺
立命館大学
平野神社
今出川駅
等持院
西大路通
北野天満宮
(P67)
今出川通
同志社大学
出町柳駅
嵐電北野線
上京警察署
晴明神社
(P56)
清浄華院
(P100)
梨木神社
(P43)
鴨川
御室仁和寺駅
龍安寺駅
等持院駅
馬代通
北野白梅町駅
護王神社
(P69)
京都御苑
廬山寺(P94)
妙心寺
大将軍八神社(P78)
寺町通
河原町通
川端通
京阪鴨東線
京都府庁
妙心寺道
白雲神社
(P83)
JR嵯峨野線
千本通
法輪寺
(P97)
花園駅
丸太町通
円町駅
丸太町駅
神宮丸太町駅

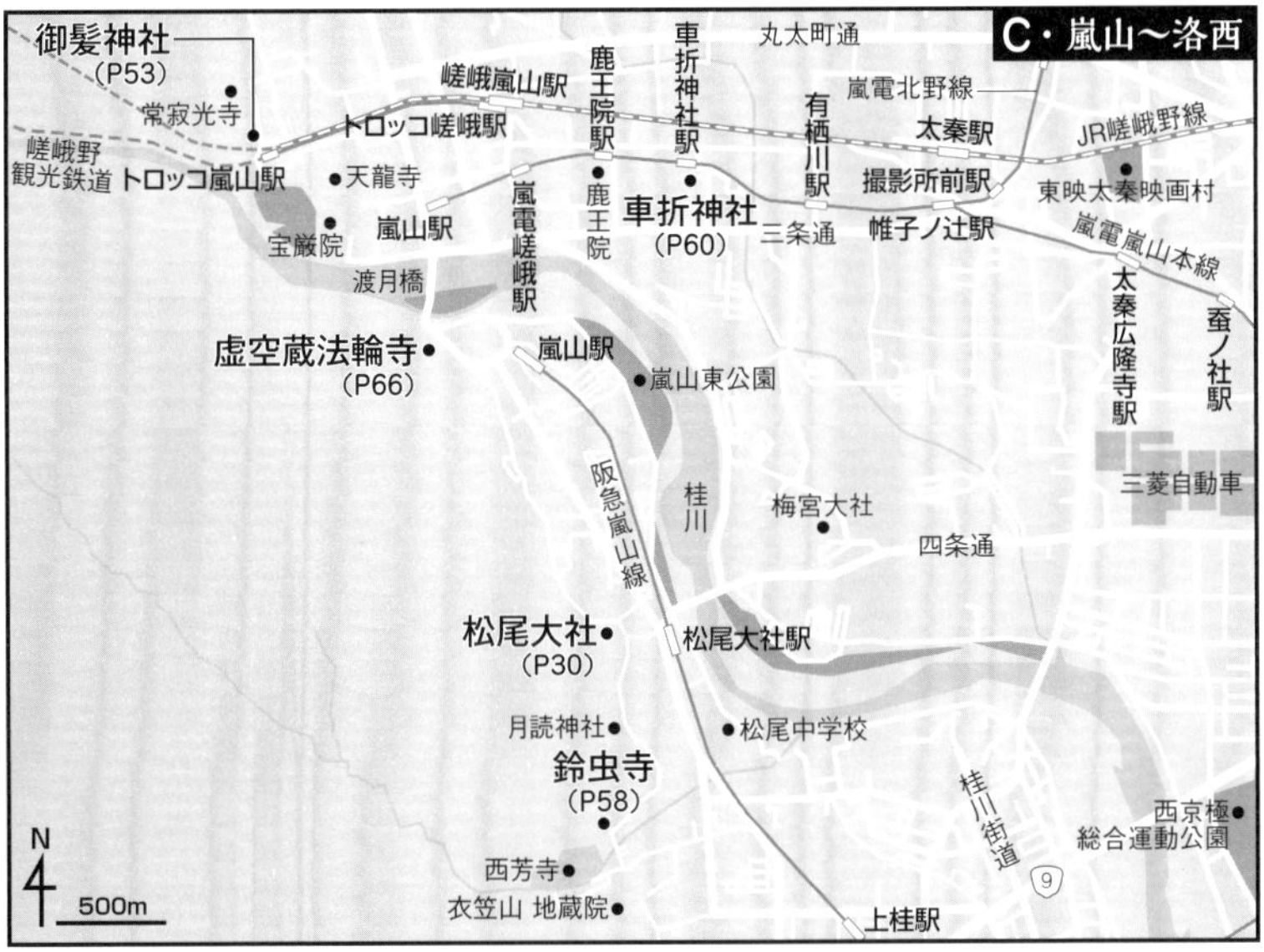
C・嵐山〜洛西
御髪神社
(P53)
丸太町通
車折神社駅
鹿王院駅
嵯峨嵐山駅
嵐電北野線
常寂光寺
トロッコ嵯峨駅
有栖川駅
太秦駅
JR嵯峨野線
嵯峨野観光鉄道
トロッコ嵐山駅
天龍寺
撮影所前駅
東映太秦映画村
嵐電嵯峨駅
鹿王院
車折神社
(P60)
三条通
帷子ノ辻駅
宝厳院
嵐山駅
嵐電嵐山本線
渡月橋
太秦広隆寺駅
蚕ノ社駅
虚空蔵法輪寺
(P66)
嵐山駅
嵐山東公園
阪急嵐山線
桂川
梅宮大社
三菱自動車
四条通
松尾大社
(P30)
松尾大社駅
月読神社
松尾中学校
鈴虫寺
(P58)
桂川街道
西京極総合運動公園
9
西芳寺
衣笠山 地蔵院
上桂駅
N
500m

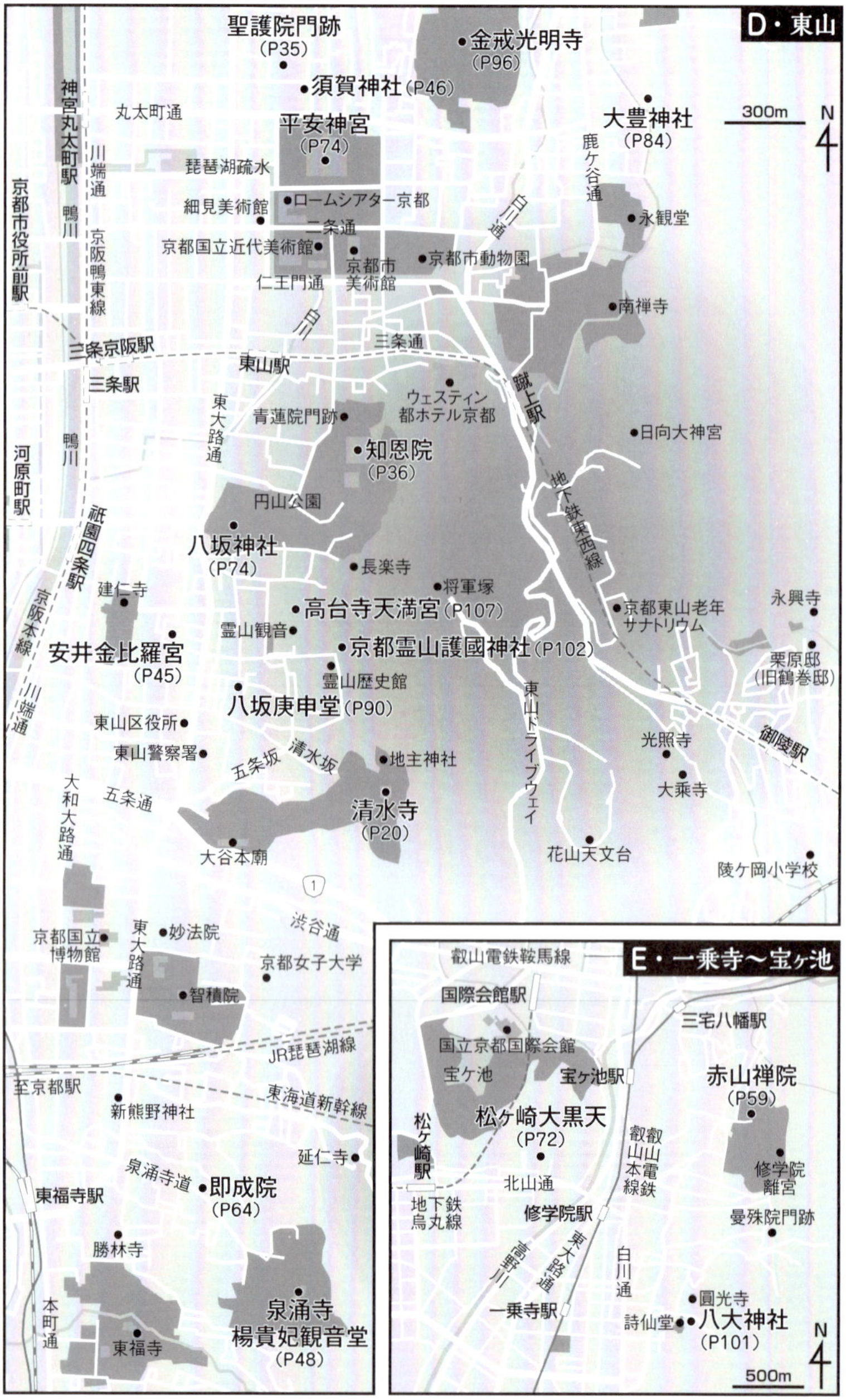
D・東山
聖護院門跡
(P35)
金戒光明寺
(P96)
須賀神社(P46)
大豊神社
(P84)
300m
N
丸太町通
平安神宮
(P74)
神宮丸太町駅
川端通
鴨川
琵琶湖疏水
鹿ケ谷通
京都市役所前駅
細見美術館
ロームシアター京都
白川通
永観堂
二条通
京阪鴨東線
京都国立近代美術館
京都市美術館
京都市動物園
仁王門通
白川
南禅寺
三条京阪駅
三条通
東山駅
三条駅
蹴上駅
ウェスティン都ホテル京都
東大路通
青蓮院門跡
日向大神宮
鴨川
知恩院
(P36)
河原町駅
地下鉄東西線
円山公園
祇園四条駅
八坂神社
(P74)
長楽寺
建仁寺
将軍塚
京阪本線
高台寺天満宮(P107)
京都東山老年サナトリウム
永興寺
霊山観音
安井金比羅宮
(P45)
京都霊山護國神社(P102)
栗原邸
(旧鶴巻邸)
霊山歴史館
川端通
八坂庚申堂(P90)
東山ドライブウェイ
東山区役所
光照寺
御陵駅
東山警察署
五条坂
清水坂
地主神社
大和大路通
大乗寺
五条通
清水寺
(P20)
大谷本廟
花山天文台
陵ケ岡小学校
1
渋谷通
京都国立博物館
東大路通
妙法院
京都女子大学
智積院
JR琵琶湖線
至京都駅
東海道新幹線
新熊野神社
延仁寺
泉涌寺道
即成院
(P64)
東福寺駅
勝林寺
本町通
泉涌寺
楊貴妃観音堂
(P48)
東福寺
E・一乗寺～宝ヶ池
叡山電鉄鞍馬線
国際会館駅
三宅八幡駅
国立京都国際会館
宝ヶ池
宝ヶ池駅
赤山禅院
(P59)
松ヶ崎駅
松ヶ崎大黒天
(P72)
叡山本線
叡山電鉄
修学院離宮
北山通
地下鉄烏丸線
修学院駅
曼殊院門跡
東大路通
高野川
白川通
圓光寺
一乗寺駅
詩仙堂
八大神社
(P101)
N
500m

F・洛中〜京都駅周辺
千本通
智恵光院通
大宮通
猪熊通
堀川通
京都府庁
釜座通
烏丸通
京都御苑
革堂行願寺
(P72)
神宮丸太町駅
川端通
イズミヤ
丸太町通
二条公園
竹屋町通
丸太町駅
東洞院通
高倉通
堺町通
元離宮二条城
(P105)
夷川通
衣棚通
室町通
寺町通
河原町通
大福寺
(P92)
鴨川
京阪鴨東線
ANAクラウンプラザ
ホテル京都
小川通
二条通
柳馬場通
富小路通
二条城前駅
押小路通
二条駅
地下鉄東西線
御金神社
(P62)
御池通
京都市役所前駅
神泉苑
(P98)
中京区役所
烏丸御池駅
誠心院(P73)
三条京阪駅
姉小路通
京都文化博物館
三条通
六角堂頂法寺(P81)
西光寺寅薬師
(P73)
誓願寺
(P52)
三条駅
後院通
JR嵯峨野線
黒門通
猪熊通
六角通
蛸薬師堂
永福寺(P73)
宝蔵寺(P85)
蛸薬師通
善長寺
(P73)
安養寺(倒蓮華寺)
(P73)
中京警察署
錦小路通
新京極通
阪急京都線
大宮駅
四条通
烏丸駅
河原町駅
祇園四条駅
四条大宮駅
嵐電嵐山本線
綾小路通
四条駅
染殿地蔵院
(P47)
錦天満宮
(P73)
壬生寺
(P104)
竹笹堂
(P111)
仏光寺通
のレン 祇園本店
(P112)
建仁寺
坊城通
壬生川通
大宮通
岩上通
高辻通
下京警察署
佛光寺
(P93)
麩屋町通
御幸町通
松原通
因幡堂平等寺
(P70)
京都ゑびす神社
(P89)
千本通
万寿寺通
WORK & SHOP by BOX&NEEDLE
(P111)
六波羅蜜寺
(P72)
9
1
五条通
清水五条駅
丹波口駅
京都東急ホテル
油小路通
新町通
五条駅
大和大路通
五条通
中央卸売市場
六条通
川端通
法華寺
新花屋町通
市比賣神社
(P51)
西本願寺
1
西洞院通
東本願寺
地下鉄烏丸線
渉成園
(枳殻邸)
高瀬川
鴨川
豊国神社
(P63)
京都市中央卸売市場
京阪本線
京都国立博物館
龍谷大学
七条通
七条通
七条駅
東大路通
京都水族館
ヨドバシカメラ
下京区役所
京都タワー
塩小路通
蓮華王院
三十三間堂
(P68)
京都鉄道博物館
梅小路公園
リーガロイヤルホテル京都
ジェイアール京都伊勢丹
京都駅
ホテルグランヴィア京都
JR京都線
東海道新幹線
JR奈良線
新熊野神社
(P88)
新・都ホテル
八条通
ホテル京阪京都グランデ
壬生通
大宮通
東寺通
イオンモールKYOTO
新千本通
東寺
(P72)
東福寺駅
京都第一赤十字病院
九条中学校
東寺駅
九条通
九条駅
勝林寺
(P93)
171
ジョーシン
鳥羽高校
本町通
南区役所
近鉄京都線
油小路通
西洞院通
烏丸通
竹田街道
河原町通
東福寺
(P34)
N
300m
1

さくいん

あ

相生社……38・42
愛宕神社……91・119
安養寺(倒蓮華寺)……73
市比賣神社……38・51・110
因幡堂平等寺……70・75
新熊野神社……88・119
今宮神社……26
石清水八幡宮……86・110・118
宇治上神社……28
大豊神社……84
大原野神社……38・44・109

か

上賀茂神社……22・74
河合神社……50
北野天満宮……67・118
貴船神社……40・112
京都ゑびす神社……72・89
京都霊山護國神社……102
清水寺……20・75・108・115
釘抜地蔵石像寺……71・115
鞍馬寺……57
車折神社……60・76
高台寺天満宮……107
革堂行願寺……72・75
護王神社……38・69・75
虚空蔵法輪寺……66
金戒光明寺……75・96・108・115

さ

西光寺寅薬師……73
下鴨神社……22
聖護院門跡……35
清浄華院……100
城南宮……74・112
勝林寺……93
白雲神社……83
神泉苑……98・114
須賀神社……46
鈴虫寺……58
誓願寺……52・73・115
誠心院……73
晴明神社……56・76
赤山禅院……59・72・114
善長寺……73
泉涌寺楊貴妃観音堂……48・114
即成院……64・76・109・114

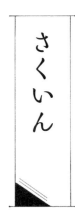

染殿地蔵院……47・73・115

た

大将軍八神社……78
大福寺……92
建勲神社……106
竹笹堂……111
蛸薬師堂 永福寺……73・75
知恩院……36・115
東寺……72・114
東福寺……34・114
豊国神社……63・76

な

梨木神社……43・110
錦天満宮……73・118
のレン 祇園本店……112

は

八大神社……101
飛行神社……82
平等院……24
藤森神社……65
伏見稲荷大社……54・118
佛光寺……93・115
平安神宮……74
宝蔵寺……85
法輪寺……97・114

ま

松ヶ崎大黒天……72
松尾大社……30・74・109・119
萬福寺……72・80・115
御金神社……38・62
御髪神社……53・76
壬生寺……75・104・115
妙顕寺……37・115
元離宮二条城……105

や

八坂庚申堂……90
八坂神社……74・119
安井金比羅宮……45
由岐神社……99

ら

龍安寺……32・108・114
蓮華王院三十三間堂……68・75・114
六波羅蜜寺……72・75
廬山寺……94
六角堂頂法寺……75・81・114

わ

WORK & SHOP by BOX & NEEDLE……111

著者　京都ツウ読本 御朱印部

数々の京都本を手がける、地元・編集プロダクションが発信するWEBメディア「京都ツウ読本」。地元だから集められる新情報やツウな情報を発信し、豊かな京都観光を日々お手伝いしている。歴史好き、文学好き、祭事好きらで御朱印部を立ち上げた。

京都ツウ読本　https://kyototwo.jp/

編集

有川日可里・合力佐智子（株式会社ワード）

取材・執筆・撮影

有川日可里・合力佐智子・西原綺音（株式会社ワード）・西山由香・宮下亜紀

撮影

石川奈都子・森川諒一

表紙・本文デザイン

梅林なつみ（株式会社ワード）

イラスト　佐藤紀久子（株式会社ワード）

地図制作　林 雅信（Lotus）

＊本書の取材・執筆にあたり、ご協力いただきました寺院・神社および関係各位に篤く御礼申し上げます。

京《きょう》都《と》ステキな御《ご》朱《しゅ》印《いん》ブック

2018年7月10日　初版第1刷発行

著　者　京都ツウ読本 御朱印部

編　者　ブルーガイド編集部

発行者　岩野裕一

発行所　株式会社実業之日本社

〒153-0044　東京都目黒区大橋1-5-1　クロスエアタワー8階

☎03-6809-0452（編集）　03-6809-0495（販売）

ホームページ　http://www.j-n.co.jp/

印刷・製本　大日本印刷株式会社

ISBN 978-4-408-00917-9（第一趣味）